UBI United Business School 联商学院

系列丛书

【图解版】

领导力修炼系统

卓越领导者的正能量场和太极智慧

太极智慧、象限对号、六合修炼，带您进入一个全新视界！

邱志刚◎著

中国财政经济出版社

图书在版编目（CIP）数据

领导力修炼系统／邱志刚著．— 北京：中国财政经济出版社，2014.6
（国联商学院系列丛书）
ISBN 978－7－5095－5426－5

Ⅰ．①领… Ⅱ．①邱… Ⅲ．①领导学 Ⅳ．①C933

中国版本图书馆 CIP 数据核字（2014）第 102649 号

责任编辑：杨　云　赵　龙　　　　责任印制：刘春年
责任校对：甄　飞　　　　　　　　版式设计：丁丁图文

中国财政经济出版社出版
URL：http：//www.cfeph.cn
E－mail：cfeph@cfeph.cn

社址：北京市海淀区阜成路甲 28 号　邮政编码：100142
营销中心电话：010－88190406　北京财经书店电话：010－64033436
北京富生印刷厂印刷　各地新华书店经销
787×1092 毫米　16 开　14.5 印张　198 000 字
2014 年 7 月第 1 版　2014 年 7 月北京第 1 次印刷
定价：35.00 元
ISBN 978－7－5095－5426－5/C・0044
（图书出现印装问题，本社负责调换）
本社质量投诉电话：010－88190744
反盗版举报热线：88190492　88190446

总 序

国风崇创业，联众披荆棘，学海知无涯，商界铸传奇。国联商学院：中国企业发展智库，商业资源整合平台，创建系统培训＋落地咨询＋投资融资＋链商资源＋云服务的学商生态业务模式，为广大企业提供经营管理系统培训、营销策略落地咨询、贷款融资和股权融资、产业链商机匹配、中小企业云管理等服务体系。国联使命：服务产业链，助企业发展。国联商学院专注产业链横向节点的企业经营管理服务和纵向环节的上下游关键资源整合，发挥“企业管家”和“市场红娘”作用，为企业发展和转型升级提供价值贡献，促进更高效的“学商”和“链商”环境建设。

企业经营就是一个紧密的系统工程！卓越的企业领导者，一定是企业系统工程的创建者和引导者！卓越企业的经营之道，必须是系统经营之道！国联商学院正能量企业系统系列书籍是根据国联商学院正能量企业系统课程分别由各课程主讲老师精心总结编排完成，其内容涉及领导力修炼系统、商业模式和战略系统、运营和机制系统、人力资源和员工成长系统、正能量销售系统、网络营销快速盈利系统、微营销快速盈利系统、金融和资本运作系统、持续创新系统九大板块。

国联商学院拥有一批资深的业内专家和讲师队伍，他们长期从事企业系统培训和内训的研究与实践，具有丰富的中外企业管理、培训经验，满足客户的各种需求。在当前的培训市场中，对症下药式的培训方式已成为国联商学院具备竞争力的优势之一，可满足各种客户个性化需求。我们与国内的生产商、各地区的流通商和企业有着良好的往来和合作关系，专业服务于各大中小企业。我们集行业信息为您定制的企业课程，无一不是根据公司的商业目标、成长策略以及商业要求拟订，为您提供的完善训练计划与发展项目皆是专属的个性化解决方案。国联商学院的每一项服务，都本着客户至上的原则；每一个前进的脚步，都充分体现了对客户的尊重与关怀。正因为如此，我们才能赢得客户，赢得将来，每年为 6000 家以上的客户提供各类培训和咨询服务。

在新世纪里，我们将会在现有的基础上，为客户提供更全面、更优质的企业管理咨询与培训服务，为中国企业走向世界贡献自己的微薄之力！成功来自卓越的服务，超越客户满意，国联商学院在您的支持下正在向国际一流管理咨询公司迈进。

国联商学院

序

能量，是物质运动的量化转换。世界万物都在有规律地运动着，这个运动从来没有停止过。在物质的一切属性中，运动是最基本的属性，其他属性都是运动属性的具体表现。能量是我们看不到、摸不着的，但是它却实实在在地存在，人类运用能力的唯一途径就是掌握规律！领导力修炼系统为大家解读了：能量就是规律，掌握了事物发展的规律就掌握了该事物的能量！

宇宙中万物都由阴阳构成，阴阳既对立又统一，既是矛盾体又是和谐体，领导力太极智慧是将对立的矛盾体转化为统一的和谐体的一门学问！领导力的修炼和运用贯穿于企业经营发展的始终，无论是企业的商业模式和战略、运营和机制、人力资源、营销、金融和资本运作还是创新，都需要企业领导者充分利用个人智慧，发挥自己的主观能动性做好全方位的协调，将各个环节有效的统一！领导力太极智慧主要围绕阴阳理论展开，通过格局与细节、导师与管家、沟通与距离、信任与存疑、机制与人情、天使与魔鬼、圈子与个体、加法与减法、动与静九大板块的阐述，从不同角度解读领导力的魅力！阴阳理论可以高度凝练成 32 字口诀，即“阴为阴中阳，阳为阳中阴，阴中有阳，阳中有阴，以阳压阳见真阳，以阴压阴见真阴”。从人类一贯的思考习惯上来讲，我们总是习惯将同一事物两个对立面拿来作比较，从阴阳角度上来讲这是不对的，我们应该将两个同性质的事物作比较，只有拿两个“好”面来比较，才能评判出哪个更好，这样才最公平。如果将同性的两个事物作对比，总有一个略胜一筹，也总有一个略为逊色，这便是“阴为阴中阳，阳为阳中阴”。阴阳本为互根的统一体，任何一面离开另外一面都无法独立存在，可以说阴阳互生，这便是“阴中有阳，阳中有阴”。如果在两个同为“阳”的事物或两个同为“阴”的事物中作比较，总有一个阳更“阳”，也总有一个阴更“阴”，这便是“以阳压阳见真阳，以阴压阴见真阴”。本书遵循阴阳对立、统一、中和的关系，完全打破了人类的常规思维模式，从一个全新的角度为读者开启新的领导力修炼模式！

本书是基于志刚对领导力和太极智慧多年研究，在不断的实践过程中，凝练出的智慧结晶，在业内颇具研究价值，同时对任何一位读者来说，本书不仅仅是一本读物，也是一种工具，更是一部很好的学习教材！领导力是一种能力，更是一种品质，本书不仅能让我们在管理方面有所成就，更能在自我格局打开和智慧提升方面产出无穷的力量，让每一位读者更加优秀，因此，本书对于任何一个想成功的读者来说，都是一门必修的课程，更是一本不可多得的管理智慧宝典！希望各位读者在享受领导力智慧的同时，别忘记将这种伟大的智慧传递给身边的朋友，让我们的圈子更加和谐，让我们生活的环境也因我们一个小小的“推荐”举动变得更加和谐美好！

钱晓钧

前　言

领导力是一门艺术，修炼卓越的领导力，会让你的事业如锦上添花，会给你的企业带来更广更深更好的影响，从而促进企业的发展。本书以领导力修炼系统为基点，详细解读领导力能量修炼和领导力太极智慧，不仅能提升你的正能量场和意念力，还能使你在领导过程中学会平衡格局与细节、导师与管家、沟通与距离、信任与存疑 、机制与人情 、天使与魔鬼 、圈子与个体 、加法与减法、动与静这些方面的关系，把刚柔并济、张弛有道的太极智慧应用到日常管理工作中，使一切管理中的障碍和问题都迎刃而解。

在《哈佛商业评论》评选出的“全球最佳 CEO”榜单中，乔布斯荣居第一。在乔布斯担任苹果公司 CEO 期间，他带领苹果涅槃重生，成为全球市值最高的企业。乔布斯贯通文理，能巧妙地把创造力和技术工程结合起来，实现了艺术与科技的统一。此外，乔布斯本身就是具有巨大影响力的人，能让员工时刻保持着充满激情的状态，去完成看似不可能完成的任务。在乔布斯卓越领导力的带动下，苹果公司创造了一个又一个奇迹，取得了非凡的成就。

从乔布斯的事迹我们可以看出领导者的领导力对于企业前途至关重要。关于领导力，美国总统德怀特·艾森豪威尔有一句非常形象的话：“你不能靠拍人家头而领导别人，那是侵犯，而不是领导力。”领导不只是一种简单操纵行为，领导力对整个系统起作用，并不仅仅等同于管理能力，不是体现在机械刻板的言行举止中。领导力是一种对企业和员工的影响力，使你能利用自身的能量场对周围环境施加影响，带领员工与企业共同成长。领导者的领导力在很大程度上决定了企业的运行状况，所以领导力修炼对领导者来说十分重要。

领导力修炼系统，从解读规律尊重规律开始，激化我们内心的潜能，让我们爆发出强大的能量，从而提升正能量场。修炼正能量的同时，还要建立起强大的意念力，这不仅是自我的完善，还会给周围的环境带去良性的改观。除此之外，领导力修炼系统的另一个重要部分就是从太极智慧中汲取营养，在自我修炼和处理事务方面做到阴阳调和、张弛有度；这一部分从太极智慧、四象限对号入座及六合修炼的角度出发阐述领导力修炼，带你进入一个全新的视界！

相信通过本书的学习，你会掌握领导力修炼技巧，在管理组织人、事、物方面更胜一筹，处理工作中的各种问题更得心应手，给员工带去积极影响力的同时促进自我价值的实现。让我们一起努力，不断超越自我，实现事业的腾飞。

目 录
CONTENTS

什么是领导力修炼系统……002
如何阅读本书……004

第一部分　领导力能量修炼

第一章　能量就是规律……009
NO1. 万事皆规律，规律即能量……010
NO2. 一切从规律开始，掌握了规律就是拥有了能量……012
NO3. 正能量和负能量……014
NO4. 能量对我们的影响……016
NO5. 能量走向线路图……020

第二章　领导力的能量修炼……025
NO1. 能量对了，事就顺了……026
NO2. 如何链接正能量……028
NO3. 如何进行自我正能量体的修炼……030
NO4. 面对和解决问题的七大步骤……032
NO5. 九个字的正能量……034
NO6. 人生的六个字……036

第三章　九项个人正能量修炼……039
NO1. 目标正能量修炼……040
NO2. 心态正能量修炼……044
NO3. 学习正能量修炼……046
NO4. 时间正能量修炼……048

NO5. 行动正能量修炼……050
NO6. 客户正能量修炼……052
NO7. 健康正能量修炼……054
NO8. 人脉正能量修炼……056
NO9. 感恩正能量修炼……058

第四章　领导力的意念力修炼……061
NO1. 意念力较量时代已然来临……062
NO2. 意念力的解读和应用……064
NO3. 潜能的激活和爆发……066
NO4. 意念力对我们的影响……068
NO5. 心念转了，万事成功……070
NO6. 意念力和能量之间的关系与影响……072
NO7. 个人及团队意念力和正能量之间的关系……074
NO8. 意念力超级应用之人生的六根柱子……076

第二部分　领导力太极智慧

第五章　格局与细节……081
NO1. 格局与细节的太极智慧……082
NO2. 格局与细节的四象限对号入座……084
NO3. 什么是格局……086
NO4. 格局四象限及修炼……088
NO5. 什么是细节……090
NO6. 细节四象限及修炼……092

第六章　导师与管家……105
NO1. 导师与管家的太极智慧……106
NO2. 导师与管家的四象限对号入座……108

NO3. 什么是导师……110
NO4. 导师四象限及修炼……112
NO5. 什么是管家……114
NO6. 管家四象限及修炼……116

第七章 沟通与距离……119
NO1. 沟通与距离的太极智慧……120
NO2. 沟通与距离的四象限对号入座……122
NO3. 什么是沟通……124
NO4. 沟通四象限及修炼……126
NO5. 什么是距离……128
NO6. 距离四象限及修炼……130

第八章 信任与存疑……133
NO1. 信任与存疑的太极智慧……134
NO2. 信任与存疑的四象限对号入座……136
NO3. 什么是信任……138
NO4. 信任四象限及修炼……140
NO5. 什么是存疑……142
NO6. 存疑四象限及修炼……144

第九章 机制与人情……147
NO1. 机制与人情的太极智慧……148
NO2. 机制与人情的四象限对号入座……150
NO3. 什么是机制……152
NO4. 机制四象限及修炼……154
NO5. 什么是人情……156
NO6. 人情四象限及修炼……158

第十章 天使与魔鬼……161
NO1. 天使与魔鬼的太极智慧……162

NO2. 天使与魔鬼的四象限对号入座……164
NO3. 什么是天使……166
NO4. 天使四象限及修炼……168
NO5. 什么是魔鬼……170
NO6. 魔鬼四象限及修炼……172

第十一章　圈子与个体……175
NO1. 圈子与个体的太极智慧……176
NO2. 圈子与个体的四象限对号入座……178
NO3. 什么是圈子……180
NO4. 圈子四象限及修炼……182
NO5. 什么是个体……184
NO6. 个体四象限及修炼……186

第十二章　加法与减法……189
NO1. 加法与减法的太极智慧……190
NO2. 加法与减法的四象限对号入座……192
NO3. 什么是加法……194
NO4. 加法四象限及修炼……196
NO5. 什么是减法……198
NO6. 减法四象限及修炼……200

第十三章　动与静……203
NO1. 动与静的太极智慧……204
NO2. 动与静的四象限对号入座……206
NO3. 什么是动……208
NO4. 动四象限及修炼……210
NO5. 什么是静……212
NO6. 静四象限及修炼……214

后　记……216

阴为阴中阳　阳为阳中阴

阴中有阳　阳中有阴

以阳压阳见真阳　以阴压阴见真阴

什么是领导力修炼系统

企业领导者是企业运行过程中关键的一环，企业的发展状况很大程度取决于领导者的领导力，因此修炼领导力无论是对于领导者本人还是企业都有重大意义。领导力是一种能力，从本质上说就是领导者的影响力。企业是一个团体组织，只有领导者具备并发挥领导力，才能有效引导员工，保证公司机制的顺利运行，从而能有效发挥团体的力量，提升整个团队的核心竞争力。“正人必先正己”，只有领导者不断加强自我领导力的修炼，完善自我领导力修炼系统，才能给员工和企业带去正面的影响力。

领导力修炼系统包括领导力能量修炼系统与领导力太极智慧两大部分。

第一部分：领导力能量修炼系统，包括领导力的能量修炼和领导力的意念力修炼。领导力的能量修炼能提升领导者的正能量场，意念力修炼会使领导者拥有强大的意念力。通过正能量与意念力的修炼，能使领导者不断完善自己，为实现卓越领导力打下坚定基础。

第二部分：领导力太极智慧，教你如何在实际工作中应用太极智慧，实现领导过程中的阴阳平衡，张弛有度。太极智慧修炼有助于实现领导者运筹帷幄的能力，从而能使领导力修炼得到很大提升。这一模块包括如下要点：

- 格局与细节
- 导师与管家
- 沟通与距离
- 信任与存疑
- 机制与人情
- 天使与魔鬼
- 圈子与个体
- 加法与减法
- 动与静

领导力修炼系统能让你成为卓越领导者，使你在工作中游刃有余，带领你的企业在市场浪潮中激流勇进。

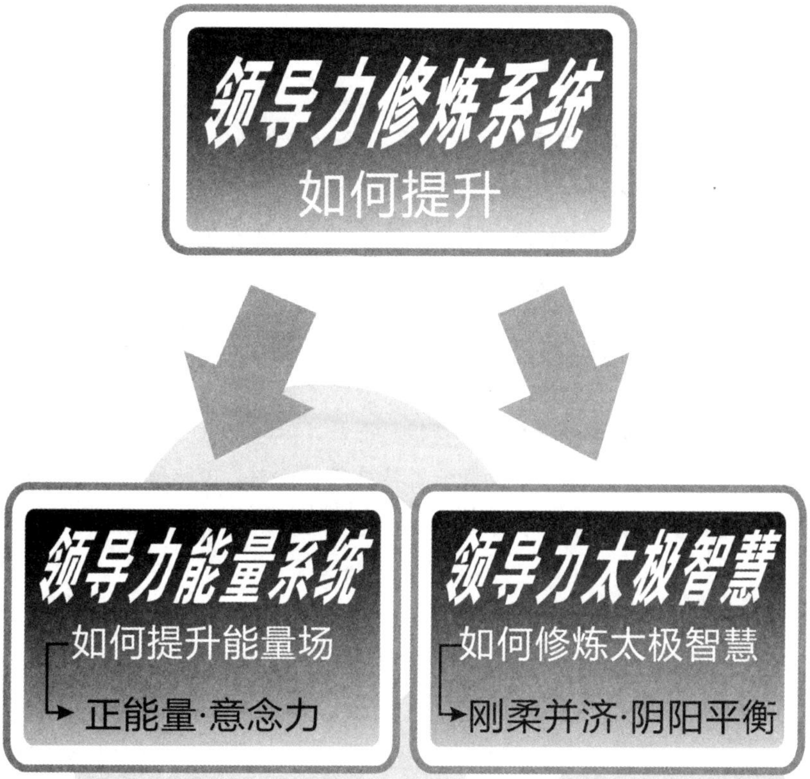

助你成就卓越领导力，迈向人生巅峰。

如何阅读本书

【故事分享】

小泽征尔是世界著名的交响乐指挥家。在一次世界优秀指挥家大赛的决赛中，小泽征尔按照评委会给的乐谱指挥演奏，突然发现乐谱有错误的地方。他停下来重新演奏还是发现有不和谐的声音。他认为是乐谱有问题，而在场的作曲家和评委会专家却坚决否认了他的观点。面对一大批音乐大师和权威人士，他思考再三，还是坚持自己的看法，认定是乐谱出了问题。最终小泽征尔赢得了这次世界指挥家大赛的桂冠，原来这个乐谱中的差错是评委们故意设计的，以此来检验指挥家的专业素养和是否对自己足够自信，不盲目跟随权威意见。前两位参加决赛的指挥家虽然发现了错误最终却没能坚持自己的观点，因此遭到淘汰，小泽征尔却对自己充满了自信没有附和评委观点，最终从决赛中脱颖而出。

●自信心态

小泽征尔的故事告诉我们，自信是获取成功的重要因素，所以在阅读本书时，你首先要能肯定自己的能力和价值，当你对自己充满信心时，成功才会离你更近一步。自信的心态能让你在修炼领导力系统时事半功倍，只有当你认为自己是无价之宝时，才会收获更多的人生财富。

●付诸实践

阅读本书过程中，你会发现有豁然开朗的感觉。把你未曾做到的和你认为值得借鉴的地方记录下来，牢记在心里不是最重要的，最主要的是要在你的行动中体现出来，学以致用，用而有效，扬长避短，把它变成一种良好的习惯。能把本书的知识付诸实践，才会使你有真正的收获。

●每天进步一点点，坚持不懈

领导力系统的修炼不是一朝一夕能速成的，克服你的惰性与拖延症，每天学习实践，并持之以恒。每天进步一点点，日积月累，你会发现你已经有了很大的改变，成为卓越领导者的目标也离你越来越近。

阅读本书

自信心态

↓

付诸实践

↓

每天进步一点点

↓

坚持不懈

现在，让我们
进入领导力修炼系统！

第一部分
领导力能量修炼

燃烧能量小宇宙，成就卓越领导力。

第一章

能量就是规律

1. 万事皆规律，规律即能量
2. 一切从规律开始，掌握了规律就是拥有了能量
3. 正能量和负能量
4. 能量对我们的影响
5. 能量走向线路图

NO1. 万事皆规律，规律即能量

四季轮转，昼夜交替，生老病死，悲欢离合……自然依其规律演化，社会依其规律发展。所谓“天之道——生万物；地之道——造万物；人之道——成万物”。可见，“天、地、人”三者相互联系，又各有其道。《易经》认为，天、地、人为三才，先有天地，而后有万物，人居于万物之中，是三才的中心。科学研究表明，人的信念、人内心的强烈的想法能够促进细胞能量场的变化，使得生命能量体变强，从而传导到微管，有效激发存储在微管的这段来自宇宙的量子能量体的活跃度，而这段量子能量体就是打开个体生命与宇宙能量对接的金钥匙。从而使生命小宇宙得到更多来自于宇宙的强大能量。正意念激发正能量，负意念激发负能量。

尊重万事万物规律，才会有平和正确的信念，从而使我们周围的磁场发生变化，能量由此而生，对各种问题处理起来得心应手。当我们违背一个事物的规律的时候，我们就失去了处理这件事情的能力，便显得无能为力，就无法改变事物。

【故事分享】

“到月亮上看看”是千百年来人类的梦想，而这个梦想最终也是依靠科学、遵循自然规律而实现的。2013 年 12 月 2 日 1 时 30 分“嫦娥三号”怀抱“玉兔”登月成功。为了方便“玉兔”在月球上“生存”和“工作”、科研人员根据月球绕地球运行的规律为“玉兔号”设计了 14 天“工作”、14 天“睡觉”的作息周期。

月球绕地球转一圈需要 28 天左右，月球自转一周也是 28 天左右，因此，月球上的一昼夜相当于地球上的 28 天，月球上的一晚上相当于地球上的 14 天。夜间时月面温度极低，电子设备根本无法工作，为此，“玉兔号”像人类一样，该“睡觉”的时候停止工作养精蓄锐，该“起床”的时候又能自动唤醒重新投入工作。这种“日出而作，日入而息”的规律作息，极大地增强了“玉兔号”适应月球表面恶劣环境的生存能力。

“玉兔号”探月成功的背后是科研工作者对月球运行规律的了解与运用。同样，作为企业的管理者，也必须遵循事实规律，做到刚柔并济，阴阳平衡，炼就一双“火眼金睛”去洞悉企业发展及用人管事背后的深层次规律，才能提升自我领导力，成为一名优秀的企业管理者。不仅如此，只有洞悉了规律，管理者才能胸有成竹、运筹帷幄。

遵循月球运行规律，“玉兔号”才能顺利开展探测工作。

NO2. 一切从规律开始，掌握了规律就是拥有了能量

中国传统文化蕴含着深刻的智慧，其中，道家在管理上就主张“无为而治”。所谓“人法地，地法天，天法道，道法自然”。“自然”即自然而然，而“无为”强调的就是顺应事物的发展规律，在这个基础上去发挥人的主观能动性，由此才能“有为”。

【故事分享】

在中国历史上，秦朝统一后，百姓渴望社会的安宁与进步。然而秦二世即位后，昏庸无能，逆天而行，无限制的搜刮和残暴的统治给劳动人民带来了深重灾难。沉重的苛捐杂税、大兴土木、滥征苦力和严刑峻法、诛罚苛刻造成普天之下民怨沸腾的局面，各地起义不断。在这种动荡混乱的局面中，起于草莽之中的刘邦，知人善任，顺应民意，采取了一系列利民措施，赢得了民心，使起义队伍不断发展壮大，最终建立了大汉王朝。

作为管理者，秦二世的横征暴敛、残暴统治进一步激化了社会矛盾，违背了百姓渴望安定美好生活和社会需要稳步发展的规律，大失民心，造成百姓不断起义反抗，必然会导致秦王朝的覆灭。而刘邦顺应历史发展潮流，投身于起义大业中，提出并实行了一系列顺应社会发展规律的方针政策，符合百姓心声，得到了百姓支持，为建立新的王朝打下坚实基础。同样，现代的企业管理者若不能学习掌握管理、统筹人事物的领导规律，作为领导者的能力就会大打折扣，不能给企业发展带来强劲持久的能量，也一定不能成为一名优秀的领导者。

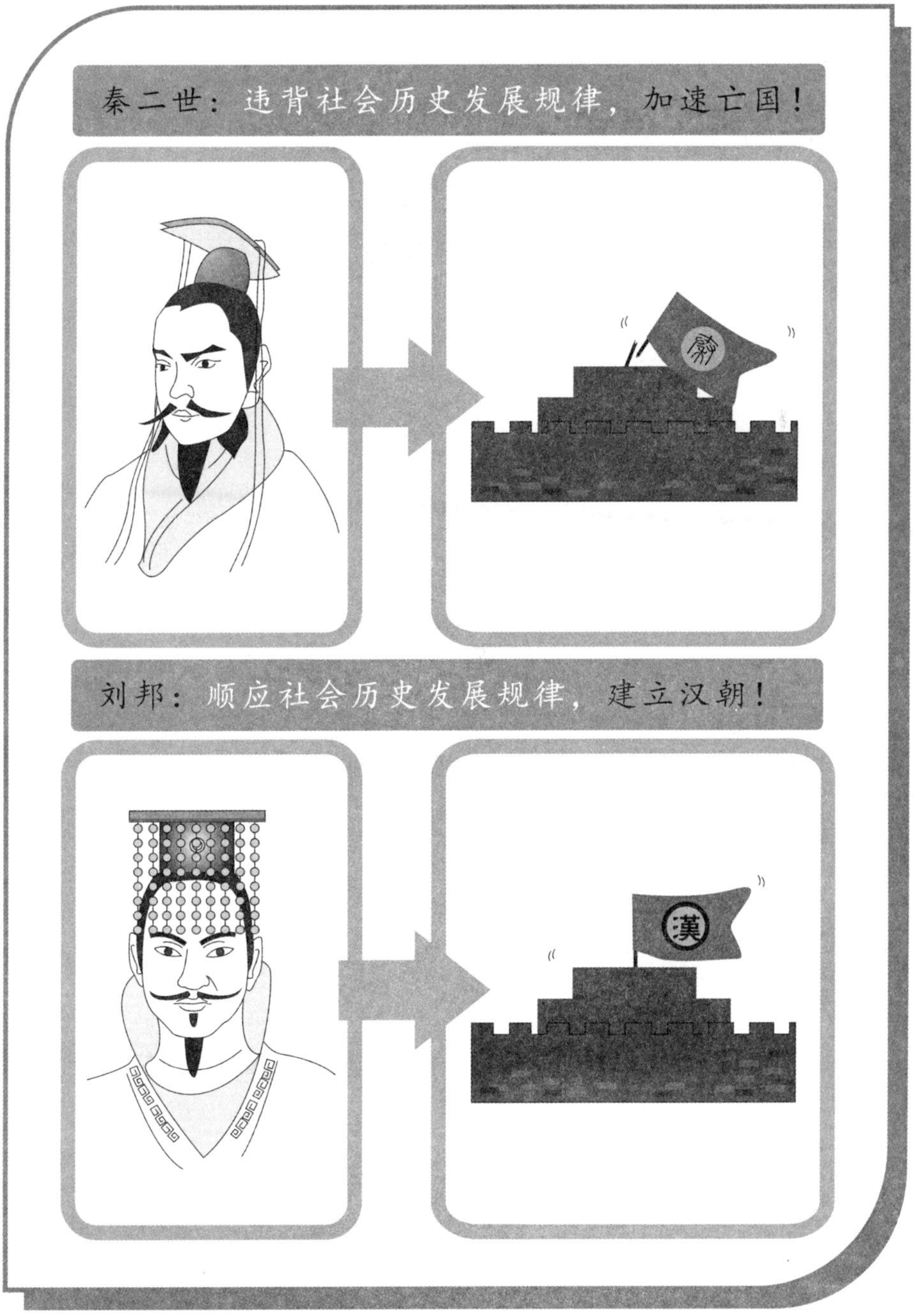
秦二世：违背社会历史发展规律，加速亡国！
刘邦：顺应社会历史发展规律，建立汉朝！
漢

NO3. 正能量和负能量

在科学界以真空能量为零，能量大于真空的物质为正，能量低于真空的物质为负。一般而言，正能量指的是能激发人们心灵的能量，是一切予人向上和希望、促使人不断追求进步、让生活变得更美好幸福的动力、感情、行为、态度。而负能量与正能量相反，它是一种负向力量。

爱因斯坦能量公式：

$$E=mc^2$$

E 代表能量，m 代表质量，c 代表速度。

$$能量 = 质量 \times 速度^2$$

由爱因斯坦能量公式推出的个体能量公式：

$$个体能量 = 平时的积累 \times 执行力^2$$

E 代表个体能量，m 代表平时的积累（学习力），c 代表执行力。

所以 $$个体能量 = 学习力 \times 执行力^2$$

个体正负能量公式：

$$个体正能量 = 平时正向的积累 \times 执行力^2$$

E 代表个体正能量，m 代表平时正向的积累（学习力），c 代表积极的执行力。

所以 $$个体正能量 = 积极的学习力 \times 正向执行力^2$$

$$个体负能量 = 消极的学习力 \times 消极执行力^2$$

由公式可以看出，能量的激发有两大要素：学习力和执行力，其中执行力对能量有着更为重要的作用。平时正向的积累和积极的行动能给我们带来强大的正能量，而消极的错误的日常积累和行动只会产生负能量。每个人身上都是带有能量的，能形成一个能量场，个体能量对自身的能量场的形成有重要的作用。积极乐观的正能量累积形成正能量场，而消极悲观的负能量会形成负能量场。

$$能量场 = (个体能量)^n$$

所以 $$正能量场 = (个体正能量)^n，即为 E=e^n$$

$$负能量场 = (个体负能量)^n，即为 -E=-e^n$$

正能量对我们的能量场有很大的改善作用，正能量场能让周围的世界变得更好，因为它能散发活性正能量——能影响到其他人的正能量，事情由此变得更加顺利。具有正能量场的人更容易成就良好的人脉关系。与之相反，负能量则具有极大的杀伤力，从而形成惹人生厌的负能量场，会给前进的道路带来诸多阻碍。

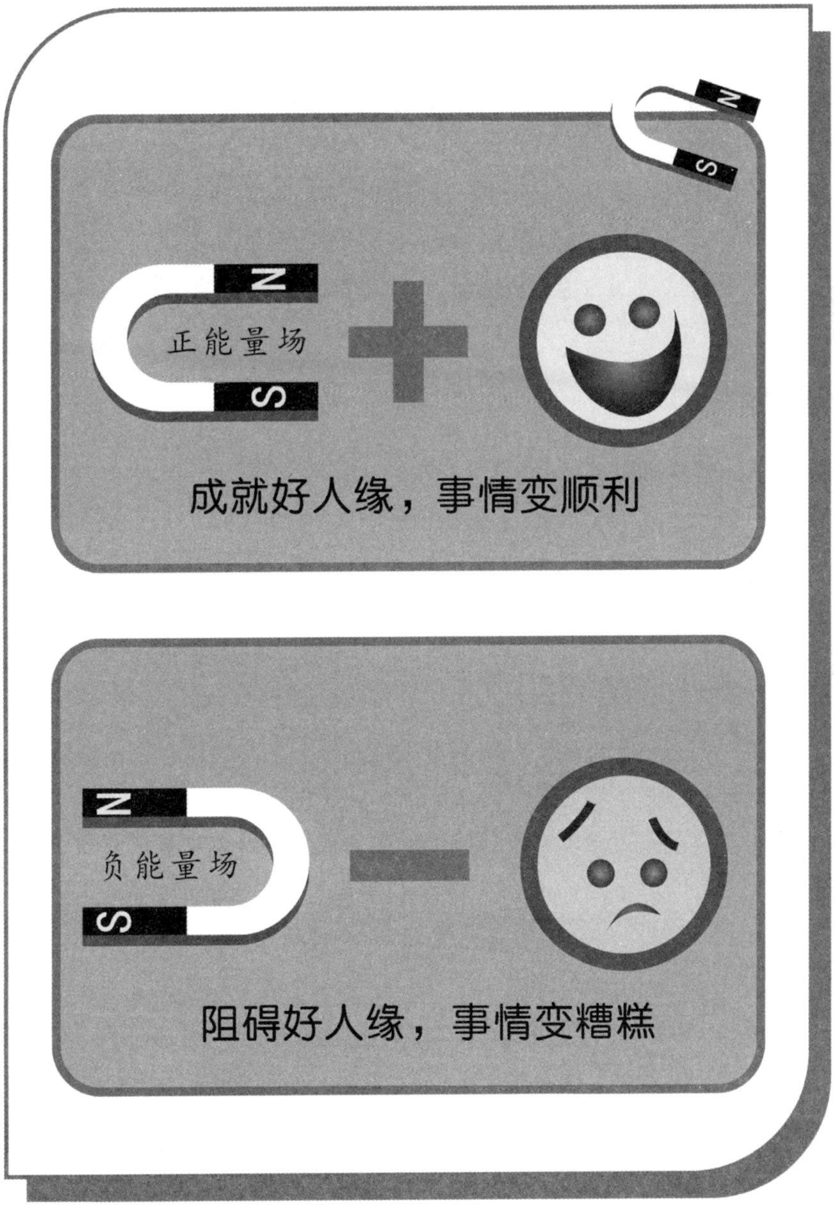

NO4. 能量对我们的影响

一个不善于完善创新的老板不会把企业做大做强；一个不会做事的人，即便老换工作也解决不了自己的能力问题；一个不懂经营爱情的人，老换爱人也解决不了感情问题；一个不懂正确养生的人，药吃得再多，医院设备再好，也解决不了健康问题……

生活中的这些问题接踵而至，不能迎刃而解，是因为我们没有看到本质的矛盾——我们自身的小宇宙出现了问题。生活状态的失衡是由于自我小宇宙能量的不平衡状态造成的，能量有着微妙神奇的作用，给我们的人生带来广泛深刻的影响。要想提升自我小宇宙的修炼就需要增强正能量，减少负能量。

- 智慧能力

正能量：正能量能激发人的求知欲望，从而不断学习吸收新的知识。还能使人有意识地识人之长补己之短，以此来促进个人知识容量的扩大和能力的提升。

负能量：负能量阻碍人的求知求新欲望，所以只能原地踏步，故步自封，数年如一日，没有智慧能力上的进步，不能紧跟社会进步的步伐。

- 性格情绪

正能量：拥有正能量的人一般都有乐观开朗阳光的性格，情绪稳定，对情绪的自我调节能力强。

负能量：负能量较多不利于良好性格的形成，容易生成悲观懦弱、怨天尤人等心理阴暗面；同时情绪起伏较大，不能较好控制自己的不良情绪。

- 婚姻家庭

正能量：正能量让人懂得包容忍耐，从而能较好、理智地解决矛盾，修复婚姻家庭生活中的裂痕。能理性地调和巩固家庭成员之间的关系，从而使婚姻家庭生活美满和睦。

负能量：个人负能量能给婚姻家庭生活带来不利影响，使矛盾激化。同时不利于良好家庭关系的发展。

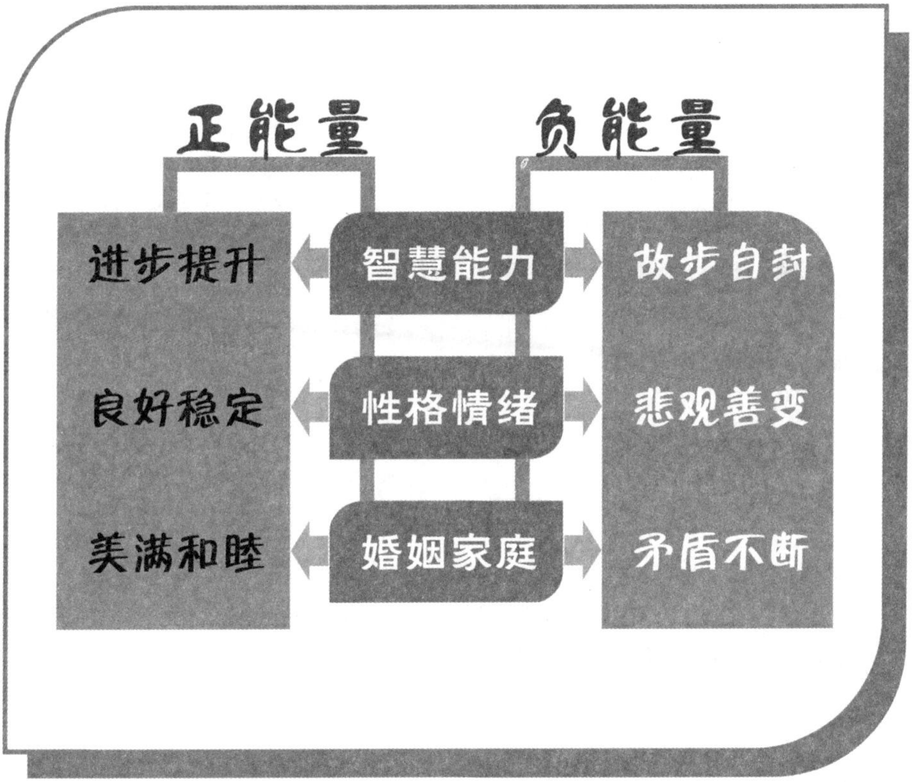
正能量
负能量
进步提升
智慧能力
故步自封
良好稳定
性格情绪
悲观善变
美满和睦
婚姻家庭
矛盾不断

● 工作事业

正能量：正向的能量能带来端正积极的工作态度，促进个人认真工作，努力完成工作目标。具有正能量的人会把工作当成乐趣和享受，从而使人生价值得到更好体现。

负能量：负面的能量使人把工作仅是当成一种谋生手段，影响工作的积极性，不利于事业的发展。

● 身心健康

正能量：正面的能量能平和人的心态，让人觉得每天都生活在和煦的阳光里。心态好则身心状态平衡，健康常伴左右。

负能量：负面的能量带来消极的心态，坏心态则百病生。负能量会打乱身心状态的平衡。

● 人格魅力

正能量：充满正能量的人眉宇间洋溢着热情正气，行事积极认真，让人如沐春风，自然个人魅力猛升，成就良好人缘。

负能量：负能量让人格魅力大幅度减分，因为具有负能量的人整天愁眉苦脸，行事不负责任、不够果断，从而使周围的人不愿与之来往。

● 前途命运

正能量：正能量是人生的充足动力，让我们行走在平坦大道时不松懈，遇到坎坷泥泞路面则不气馁，勇往直前。拥有正能量是我们很好地把握自己的前途命运的基础。

负能量：负能量会给人生的发展带来许多障碍，影响前途。

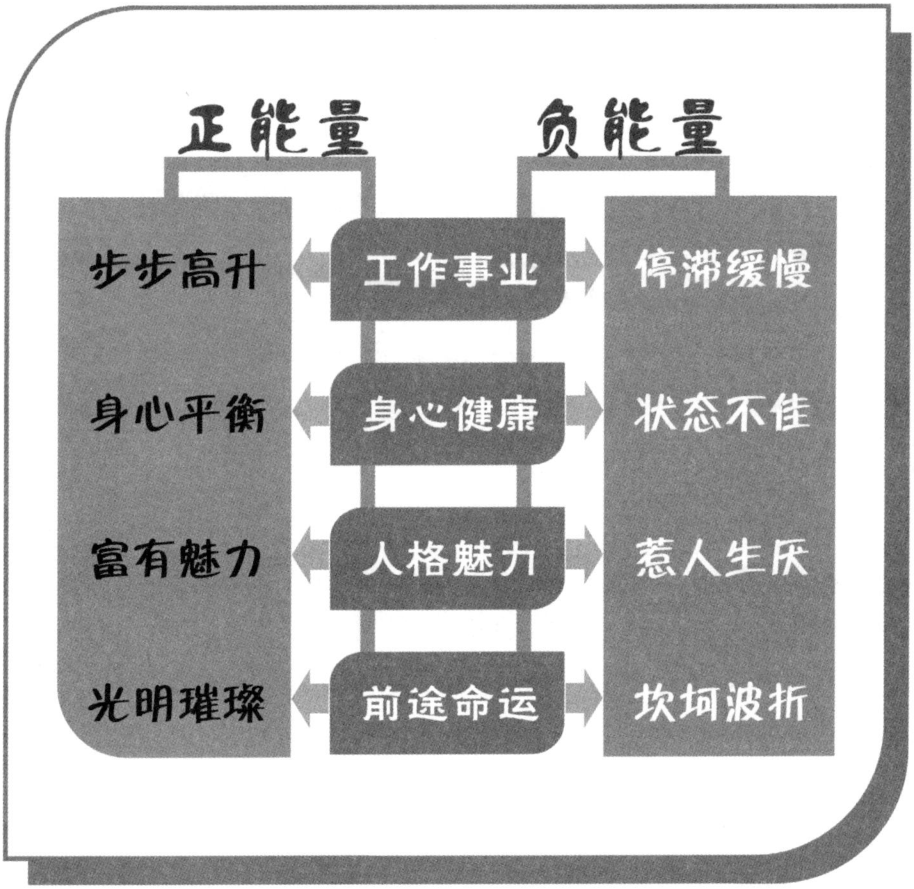
正能量
负能量
步步高升
工作事业
停滞缓慢
身心平衡
身心健康
状态不佳
富有魅力
人格魅力
惹人生厌
光明璀璨
前途命运
坎坷波折

NO5. 能量走向线路图

【故事分享】

儒家思想是中国传统文化的核心，而儒家思想所提倡的“胸怀仁爱之心，善待他人”已经成为深深根植于华夏儿女骨子里的精神内涵。年少时，家长和学校就教给我们讲文明懂礼貌、尊老爱幼、乐于助人等行为规范，周围人的言行也在给我们树立着仁爱待人、热心助人的榜样。周围的环境使我们从小就树立起这种意识，“仁爱”如细雨般滋润我们的心田，潜移默化中影响了我们的思想。正确的行为会让我们感到轻松和满足，而错误的行为会让我们感到愧疚羞耻。我们在日常生活中，会在公交上给老人让座，会给灾区人民捐款，会拾金不昧……诸如此类的行为，是因为我们已经形成了稳定的良好的心理品质，行动中不知不觉体现出了“仁爱助人”的精神。“小我”能成就“大我”，人人都有善心，行善事，反过来又铸就了整个社会良好的风气，形成了温暖、充满爱的社会。

儒家文化像一股能量渗透到我们的潜意识，构成了我们“仁爱助人”的优秀品质和心理特征，进而在我们的心中建立了一套“真善美”的评判标准，从而影响到我们的行为。每个人的良好行为汇集到一起又会对社会产生影响，形成美好温暖的社会能量。

儒家“仁爱”思想影响至深

学习行为规范，形成“真、善、美”意识

良好品质形成，行动中体现“仁爱助人”

人人行善，形成充满爱的社会

整个能量的走向，从社会层面来说就是这样一个从整体到部分再到整体的过程，也是一个社会影响个人，个人又影响社会的传递过程。从个人层面来说，是抽象的意识与心理活动状态到具体的行动方面的能量传递过程。

文化是在长期的历史社会发展过程中人们共同创造形成的产物，作为社会历史的积淀物，文化是一种无形的能量。它作为一股整体的重要能量深深地影响着处在这个社会文化圈中的每一个人。受所处的环境和社会环境传承下来的文化的影响，人的意识形成了很难改变的固定模式，如对真善美和假恶丑的认知。

意识是独立存在的，是人类了解自我和世界的能量。意识的能量使我们可以认识到自己的存在，可以与自己不同的存在进行对比。这种能辨别是非好坏的意识能量进一步推动了个人的心理状态的形成，使个人形成了自己独特的性格、情绪、情感、心态。

心理能量是一股强大的能量，它驱使人产生适当行为的冲动、勇气、意志力及各种特征的情绪、感情。在一个情境中，由于意识本能的存在，便激发出了心理能量。

心理能量激发后，由潜在的能量转变为现实的能量就有了基本的实现途径，体现在具体的生理反应上，其中情绪是一种很重要的表现形式。在心理能量自然释放的时候，我们会有相应的情绪，或是喜悦、开心，或是愤怒、悲伤，这种宣泄会带给我们一种畅快感。

生理的能量，情绪的好坏又会影响我们的行为。总体而言，意识能量、心理能量、生理能量都能对行为起着导向制约的作用，具体的行动中泄露了我们所思所想的秘密。

同时，每个人的行为都能影响到其他人，个人能量场能给你周围的人带去改变。社会是由人构成的，通过人与人之间的互相作用与影响，个人的行为能量不仅影响着社会的能量，而且汇集到一起就形成了整个社会的能量。

了解了能量走向图，我们也就认识了能量的发展规律，进而在现实生活中有意识地运用这种规律来加强自己的正能量。

能量走向
文化能量
意识能量
心理能量
生理能量
行为能量
社会能量

第二章

领导力的能量修炼

1. 能量对了，事就顺了
2. 如何链接正能量
3. 如何进行自我正能量体的修炼
4. 面对和解决问题的七大步骤
5. 九个字的正能量
6. 人生的六个字（空大舍得败成）

NO1. 能量对了，事就顺了

【故事分享】

李鹰翔是一家小公司的老板，做家纺用品的出口贸易。近几年，由于欧洲市场的低迷，公司的订单量持续下降，效益大不如从前。以前白天黑夜不停运作的四条生产线停了两条，员工的工资也是拖了又拖，几个熟练老员工都有跳槽的意向，整个公司人心涣散，“公司要倒闭了”的谣言悄悄地传播扩散。李鹰翔急得焦头烂额，想不出任何对策。一天晚上，他随手翻看着二十年前创业时的日记，“自助者天助之”这句话不断出现在他眼前。这是他年轻时最喜欢的一句话，创业期间，他每天都会写下这句话鼓励自己。“对啊，自助者天助之”，李鹰翔这样想着，像突然充满了能量。第二天，他把自己的车卖了，给员工发了一直拖欠的工资，并召开了公司动员大会。他研究家纺市场的行情，发现国内的市场仍大有潜力，于是决定开拓国内市场，带着几个业务员跑到沿海的一些城市亲自去推销公司产品。同时，李鹰翔高薪聘请了设计人员，使产品更加美观实用。新产品重新得到了欧洲客户的好评，订单量又在增加了。在李鹰翔一系列的“自助”政策影响下，员工的士气大涨，公司又充满了生机。公司不仅渡过了难关，销量大增，效益还比以前更好了。

李鹰翔在公司遇到困难时，没有退缩，而是积极采取行动，最终带领企业走出困境。“自助者天助之”，当你拥有了对的能量，自己不放弃，努力拼搏向前时，最终会取得成功。其实就是这样，人的奇迹都是由自己创造的。当我们拥有了良好的心态，努力向前，正能量满满时，前方的道路也会变得平坦很多。能量一旦对了，事就顺了。

对的能量是人生的支撑点，在遇到坎坷阻碍时，换个角度，换种心态，事情便会“柳暗花明”。正确的心态与行动能使负能量转化为正能量，会给你的人生注入对的能量，而对的能量能促进事情朝好的方面发展。因此，时时刻刻提醒自己激发正确的能量，修炼你的专属能量场。

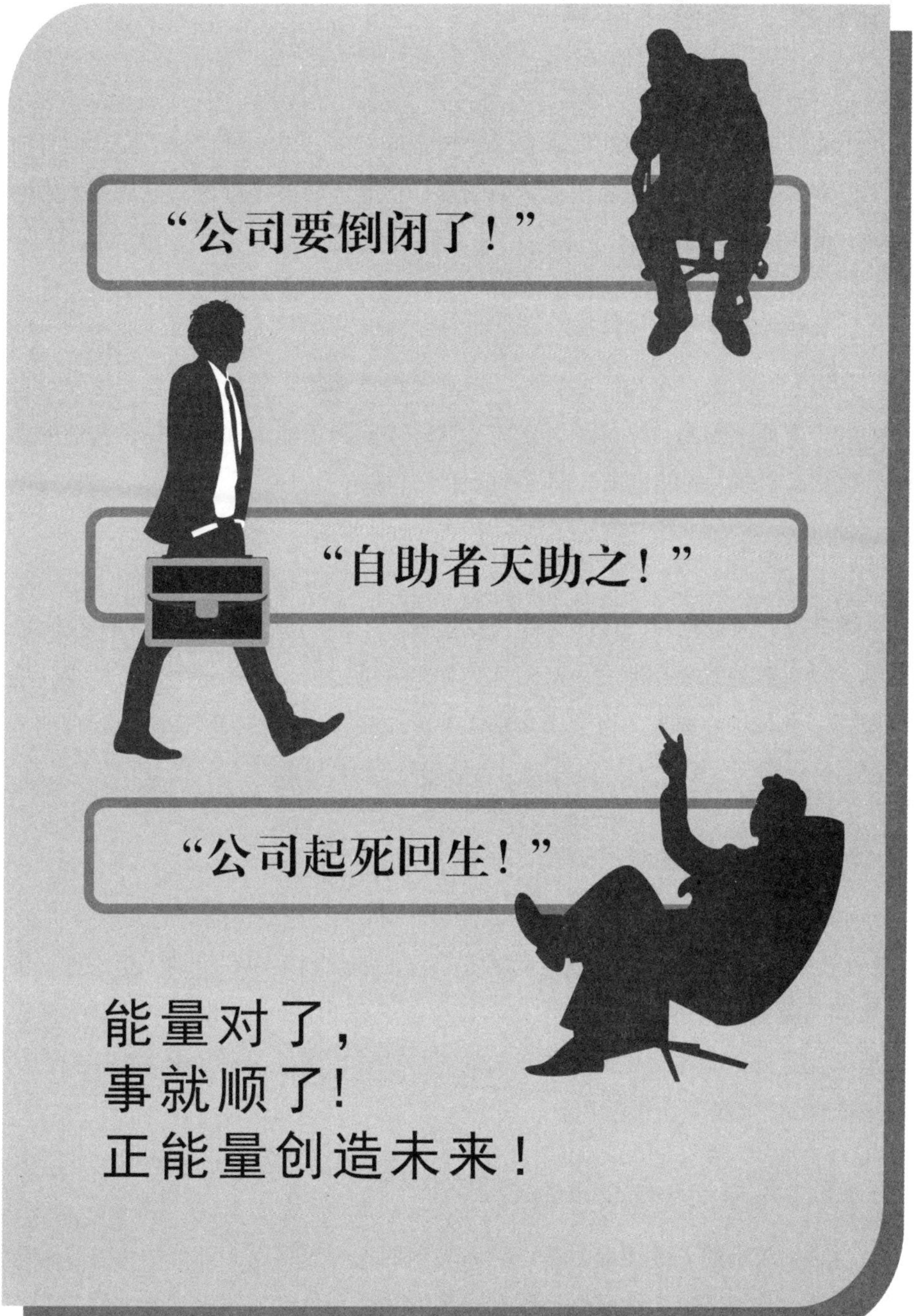
“公司要倒闭了！”
“自助者天助之！”
“公司起死回生！”
能量对了，
事就顺了！
正能量创造未来！

NO2. 如何链接正能量

正能量对人生有正向的促进力，要想获得更多的正能量，就需提升自身的素质，多做善事，结交充满正能量的朋友。正能量的链接过程，也是寻求内心深处力量与外部力量的结合过程。

● 建立强大的正能量场

高楼大厦需先打牢稳固的根基。链接获得更多的正能量，先要修炼完善自身的各个方面，提高自己的综合素质，这样才能为正能量的到来提供合适的温床。建立起了强大的能量场，正能量的种子才能茁壮生长。

● 怀仁爱之心，多行善事

佛教讲究因果轮回，心怀仁爱，多行善事，会得到更多的福报。缅怀先人，孝顺父母，关爱家人和朋友，对陌生人伸出援助之手，这些举手之劳的事，应该做好。真心对待别人，也会换来别人的赤诚相待。世界会回馈心地善良的人更多美好，因为仁爱之人更容易吸引正能量。

● 与比你能量场强大的人为友

结交朋友是一门技术活，尽量与那些比你优秀，充满正能量的人成为朋友。“近朱者赤”，从这些能量场强大的朋友身上，能学到乐观积极的人生态度，智慧从容的为人处世之道，从而不知不觉中提升了自己的能量场。他们的经历、思想以及言行会潜移默化地影响我们的能量选择，所以在不知不觉中，我们的负能量减少，正能量会慢慢积累。

● 向内寻求与向外寻求相结合

当遇到艰难的人生境况时，可以向周围的人寻求帮助，外部的力量往往能帮我们渡过坎坷。家人的鼓励，朋友同事的热心帮忙都如雪中送炭，使我们安全渡过人生寒冬。寻求外部正能量的同时，也需听从内心深处力量的指引。人本身就是一个能量源泉，困顿时，发掘内心的正能量，我们才会有坚持的勇气和信心，同时找到人生正确的方向。内部力量与外部力量的共同发力，能链接更多的正能量，从而使我们顺利地前进。

NO3. 如何进行自我正能量体的修炼

【故事分享】

刘东潜刚进入社会时只是一名普通的打工仔，他很快发现自己的文化水平已跟不上社会需求，于是一边打工一边自学，几年后他通过自考拿到了大学文凭。拿到大学文凭的刘东潜因为能力优秀，心理素质过硬，通过应聘成为一家五百强企业的员工。在公司里，刘东潜没有停止前进的步伐，他刻苦钻研生产技术，为企业生产线的创新提效作出了重大贡献，很快便晋升为部门主管。在同事的一片羡慕赞叹声中，刘东潜没有自满，他坚信自己不仅仅是给老板打工，更是为自己的人生和梦想打工，于是变得更加勤奋和努力。几年后，企业成立了一家新的分公司，刘东潜成了分公司的经理。

刘东潜从一个打工仔晋升为令人羡慕的分公司经理，与他自己的努力密不可分。他有良好的心态，同时不断努力学习，钻研新技术，使自己的人生有了质的飞跃。这也是他的正能量体的修炼过程。这种正能量体的修炼，是自我完备，变得更优秀的进程。作为企业领导者，拥有强大的正能量场十分必要。拥有强大正能量场的基础，便是进行自我正能量体的修炼。

- 把负能量转化为正能量

负能量对事情有负面的作用，所以尽量把负能量转化为正能量。这种能量的转变，可以寻求外部环境的帮助与鼓励，也可以强化自我积极乐观的品质。换个角度看问题，眼前便会豁然开朗。

- 充分发挥潜能的力量

人类利用的潜能只是冰山一角，你的能力却是无限的。很多时候，潜能是在绝境中激发出来的。向成功迈进的路程中，不要给自己留后路，勇敢挑战自己的潜能，激发潜能，置之危地而觉醒，置之绝地而奋起；潜能的力量是强大的，足以让你充满正能量的战斗力。

● 强身养心

强健的身体是事业成功必备的硬件条件，平和良好的心态有助于自我正能量体的修炼。加强修身养心，才能为正能量的修炼提供源源不竭的动力。

● 净口用脑

议人是非，抱怨牢骚，这些都是浪费生命的事。净口，让你的嘴里说出的都是美好的词句，正能量也会随之而来。多用大脑，多思考总结，不要让你的大脑生锈，拥有智慧是无形的财富。

NO4. 面对和解决问题的七大步骤

人生就是不断面对问题、解决问题的过程。正是这些大大小小的问题给生活带来不可预知的精彩，问题从发生到解决我们需历经以下七大步骤：吸引、面对、看待、选择、解决、放置、利用。

● 第一步：吸引

个人作为一个能量场，自身在散发出能量。充满正能量的人，自身散发出的能量会吸引正面的人和事；而一些糟糕的事情往往会降临在负能量多的人身上。所以，你有什么样的能量决定了你的人生际遇。

● 第二步：面对

逃避问题是最不负责任的表现，不管是好事还是坏事，我们都要正面迎战。只有客观勇敢地面对问题，才能有助于更好地解决问题。

● 第三步：看待

面对问题时，先调整好我们的心态。把问题当成负担，不仅会加重压力，还会阻碍问题的顺利解决，是一种负能量的体现。如果放大你的正能量看问题，把每次遇到的问题都当成是宝贵的学习经验，解决问题的过程便变成了有趣的充满惊喜的探险之旅。不同的角度看待问题，会是一段截然不同的人生体验。

● 第四步：选择

一把钥匙开一把锁，要选择最合适的方法去解决问题，这样才能做到胸有成竹。方法的选择决定了问题解决的效率。

● 第五步：解决

用选择好的方法立即去解决问题，不拖拉、不犹豫，形成高效的行动力。

● 第六步：放置

问题解决完后，将问题放置到一个事情整体发展中去评判；有全局观才能客观评价问题的解决成果，胸有成竹地把握整个事情的发展趋势。这样有利于实事求是地调整下一步计划，让自己离成功越来越近。

● 第七步：利用

每一个问题都能带给我们宝贵的启示。解决完问题后，无论成功或失败，都不要忘记反思总结，从中学习经验，这样才能不断提升与进步。

NO5. 九个字的正能量

● 苦——才是人生

人生不仅仅有甘甜美味，也有逃避不了坎坷曲折的苦。正是因为有了苦味的调和，生活也才有了别样的滋味。领导力的修炼过程，也是不断在苦中磨炼的过程。吃得苦中苦，并能苦中作乐，这才是真实的人生。

● 痛——才是经历

创业失败的痛苦，合作伙伴的背叛，企业转型的艰难，市场份额被竞争对手抢占，这些种种的痛都是企业领导者经历过的。但是，痛是一种经历，不经历风雨怎能见彩虹，只有痛的打击才能把内心锤炼得更强大。被人生的障碍绊倒并摔痛了，只需拍拍灰尘爬起来，接着赶路。

● 累——才是工作

忙碌是企业领导者的常态，因为肩负着整个企业的发展和员工的信任，所以领导者的责任特别重大。沉甸甸的担子是不是经常让人身心俱疲？领导者的光环的背后是普通人难以承受的劳累。但是，这就是领导者的工作，是其价值的体现。

● 变——才是命运

市场发展状况瞬息万变，跟得上产品、技术更新换代的结构，满足消费者多变的选择，制定灵活的员工管理政策，只有这样才能带领企业向前发展。变，是灵活，是适应，是进步；故步自封只会等来被淘汰的命运。

● 忍——才是历练

学会忍，是人生的一种基本谋生课程。懂得忍的人，才能在人生中游刃有余。面对别人的不理解，面对不公平待遇，沉住气默默忍耐、咬紧牙才能拼出血路。忍，不是懦弱，是必要的历练，唯有此，废墟旁才能开出坚毅的花朵。

•容——才是智慧

胸怀宽广的领导才是受员工欢迎的领导。尊重每个员工的个性特征，包容他人的缺点与过失，这也是领导的智慧。包容接纳整个世界的不完美，你的生活也会变得简单许多。

•静——才是修养

静是领导力修炼必须具备的一种恬淡的心态，“非宁静无以致远”，心无杂念，才能不受困于眼前的得失。“静”同样是一种修行，全神贯注于前行的过程，而不会心有旁骛，被无关纷扰迷了眼。

•舍——才是得到

有舍才有得，有时放弃也是一种明智的选择。舍是领导者大家风范的体现，敢于舍弃的人才能领略另一片海阔天空的平和。

•做——才是拥有

只有真正行动了，所有的梦想才能脱离空谈。千里之行，始于足下，用智慧和勤奋带领你的企业去收获成功的喜悦吧！

NO6. 人生的六个字

能量修炼不仅仅是磨炼锻造的过程，更是充满灵性地对人生透彻的感悟。人生千万种境况，千万种滋味，概括起来却只是六个字：“空大舍得败成。”理解了人生的本质，才能促进能量修炼的升华。

●空

当我们离开这个世界时，所有的名利都带不走。不管曾经如何辉煌或糟糕，过去永远是翻过去的一页。未来是一篇崭新的空白，等着我们去书写。空中自有灵妙，把所有的杂念放开，把所有的负能量放空，人生的正能量才会源源不断涌入。用空杯心态去对待万事万物，才能装下新的收获。空无中蕴含妙有，所以倒不如活得潇洒一点。

●大

能量修炼也是修炼一种大格局。领导者不仅要有开阔的眼界，宽广的胸怀，还要有大爱的情怀。做人要大气，不为眼前一时的乱象所困，不为人情俗事所烦。怀着一颗博大慈恩的心善待身边的人、事、物，敬畏生命，尊重他人。心中有仁爱，才能打造人生的大境界。不斤斤计较，不心怀怨愤，任一切不如意如过眼云烟转瞬即散，做个笑看风雨的大气之人。

●舍

人生不可能万事都顺人心意，不要苦苦追寻不属于你的东西，这样只会让你活得更累。明智地舍弃，是对自我认识的加深。舍弃一些东西时，往往会有其他的意外收获。

●得

无论平凡还是伟大的人生都会有所得。“得”是指人生的收获，或是甜蜜的收获，或是历经磨难后的“苦尽甘来”。不要把“得”看得很重，每一段不同的人生经历都是上天赠予的独特宝藏，从中发掘属于你的正能量宝石。

●败

人生中会有大大小小的失败。小的打击后，你能迅速爬起；而一些大的失败，则会成为人生中惨痛的记忆。不论失败让我们的处境有多艰难，都要保持从头再来的勇气和信心。

●成

经历过风雨并坚持前进的人生都是成功的。若想有大成，便要付出异于常人的艰辛与努力。谋事在人，成事在天，奋斗过才能问心无悔。

第三章

九项个人正能量修炼

1. 目标正能量修炼
2. 心态正能量修炼
3. 学习正能量修炼
4. 时间正能量修炼
5. 行动正能量修炼
6. 客户正能量修炼
7. 健康正能量修炼
8. 人脉正能量修炼
9. 感恩正能量修炼

NO1. 目标正能量修炼

目标指引成功的方向，不仅有助于合理安排时间提高效率，而且可以使人清晰地评估自己行为的进展，从而使我们对自己的行为进行反思总结。目标激发行动的信心和热情，给我们一路向前的动力。

● 如何设定目标

1. 写下来：记在纸上，更要铭刻于心上，时刻提醒自己朝着目标前进；

2. 说出来：告诉亲人朋友你的目标，他们的鼓励能让你斗志昂扬；

3. 量化：把大目标分解成小目标，有循序渐进的步骤计划；

4. 可控制：贴合实际，不宜过大或过小，在自己可控制范围内；

6. 惩罚机制：设立一个达不成目标的惩罚机制，不给自己偷懒后退留余地。

订立目标的误区：

1. 定目标时太谨慎，只将目标建立在现阶段，而没有放眼未来，将目标深化发展；

2. 将过于空泛、没有具体步骤、没有"完成时限"的"想法"当成是目标；

3. 根据自己现有的能力和资源去确立目标，而不是采用"倒推法"——先确立目标，然后再提升实现该目标所需要的能力，拓展该目标需要的资源。

● 目标分解的方法

【故事分享】

小王是个积极上进的青年，他刚进公司，就给自己制定了五年之内进入公司中级管理层的目标。首先，小王分析进入公司中级管理层需要的条件。针对这个问题，小王依次列出了如下条件：三年以上工作经验，善于沟通、社交能力强，英语流利，能够准确把握客户命脉等。拿着这些条件，小王又进一步分析下去：要达成这里的每一个小目标，需要的条件又是什么？如三年以上工作经验——需要知识技能的积累；英语流利——他感觉到自己的英语表达能力日常应用还有困难，决定再报个外教口语班；准确把握客户命脉——这要求在工作中细细总结多加锻炼；善于沟通——他开始主动与同事打招呼，帮助同事做一些小事。依据自身条件，他在报考口语辅导班方面，又制订了详细的计划……如此类推下去，小王已清晰地明白，要想在五年之内进入公司中级管理层，现在应该做什么。

1. 多叉树方法

“多叉树方法”能让我们更有条理地理清目标和每一步行动计划之间的关系。最终的目标是树干，小目标是树枝，而现在要去做的每一件事就是树叶。这是一种直观的目标分析方法，有助于检视每一步行为是否偏离了通向终极目标的轨道，避免做无用功。

（1）实现小目标是达成大目标的充分条件，大目标是小目标的结果；

（2）若干小目标成功的累积，一定可以实现大目标；

（3）把你的大目标细分，至少要分解到四级以上；

（4）晨午夕会制度，三每三对照：每人、每天、每件事，对照目标、对照过程、对照结果。

2. 剥洋葱方法

“剥洋葱方法”与“多叉树方法”有异曲同工之妙。它是把目标像剥洋葱一样分解：将大目标分解成若干个小目标，再将每个小目标分解成若干个更小的目标，一直分解下去，直到你明白当下自己应该做什么。

3. OGSM 计划

OGSM 是由 Objective（目的）、Goal（目标）、Strategy（策略）、Measurement（测量）的英文首字母组成。首先，我们要对自己的成功有个大方向的把握——应该达成怎样的目的，然后分解成量化的具有可行性的小目标和计划。其次，分析我们的优势、劣势，思考应采取怎样的策略达到目标——实现目标的有效步骤。最后，通过定期考量，衡量每一段时期内行动的效果，以便及时检讨和调整我们的行为。

- 目标的评估和修正

1. 目标的评估

（1）避免目标过大或者是过小，定期检视一定单位时间里的工作进展；

（2）判断能否达成目标，需要问四个问题：

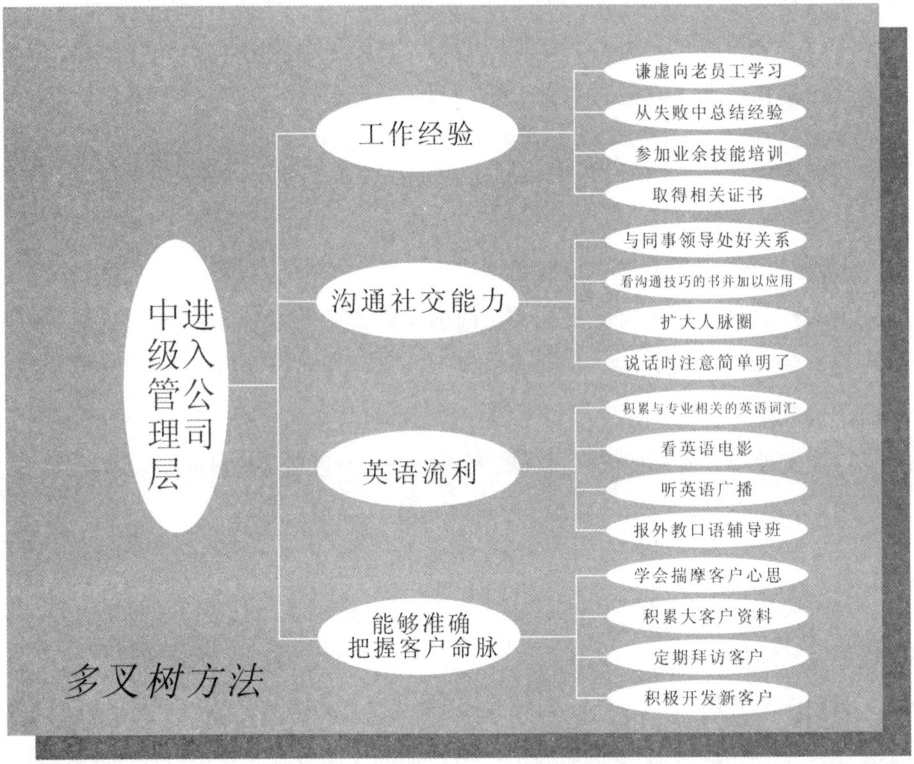

多叉树方法

OGSM计划

O（目标）	G（为达到目标而设立的各阶段目标）	S（计划）	M（检测目标是否达成）
进入公司中级管理层	1．一年之内，在公司建立良好的人脉关系，踏实做事，完善自我 2．三年之内，得到上司认可，能力大幅度提高，能为公司提出有益的建议 3．五年之内，晋升到公司管理层	1．三年以上工作经验 2．善于沟通，社交能力强 3．英语流利 4．准确把握客户命脉	

①为何要达成这个目标（是否有 10 个以上的理由）？

②实现目标的意愿有多强烈（是否有 100%）？

③为达成目标愿意付出什么样的代价（是否不惜一切代价）？

④达不成将怎样（不成功便成仁）？

2. 目标的修正

目标→计划→达成时间→目标量

（1）不要轻易改变终极目标，认真修正阶段目标和计划；

（2）修正后的计划与达成目标还是有很大差距，可以修正目标达成时间。一段时间不行，就多用一些时间，直至成功；

（3）修正达成时限也不能完成，再退一步，修正目标量。减小目标量也是对梦想的压缩，给自己一些挑战，尽量不要让你的目标缩水；

（4）不到万不得已、山穷水尽，不放弃目标，记住第一步“修改计划”才是目标修正法的关键。

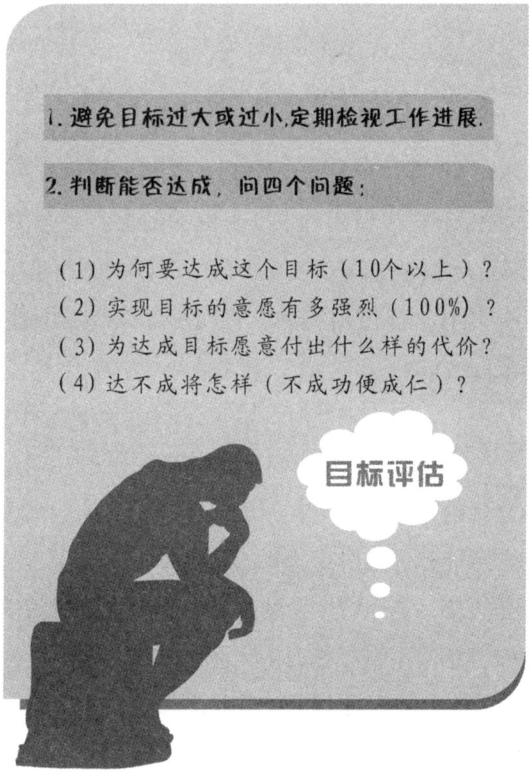

NO2. 心态正能量修炼

【故事分享】

三个和尚结伴去云游。他们穿过了莽莽森林已是筋疲力尽，没想到森林尽头是一座大山，挡住了他们的步伐。

第一个和尚灰心丧气地抱怨说：“穿过了森林又是大山，这一路怎么这么不顺！”

第二个和尚平静地说：“你们看到了吗，这里有脚印，山上肯定有前人开辟的道路，我们只要沿着山道走就能翻过山。”

第三个和尚却是生气勃勃，欣喜地说：“山的那边一定是一个全新的地方，我们赶紧赶路吧，去感受不一样的美好。”

后来，第一个和尚仍做着洒扫和尚，扫扫庭院的落叶，掸掸佛像上的灰尘，抄抄佛经。第二个和尚当上了寺庙的住持，教化出了一些得意子弟。第三个和尚成了佛法大师，救苦行善，传授“善”“爱”真谛，受百姓景仰。

面对挡道的大山，第一个和尚悲观埋怨，第二个和尚心平气和地接受客观事实，第三个和尚积极乐观，心怀对未来美好的憧憬。心态决定未来，所以他们的成就也截然不同。你的心态决定了你是什么样的人，会有什么样的成功。生活是一面镜子，你用什么态度对待它，它就用什么态度回馈你，快乐或痛苦的生活都在你一念之间。

●心态修炼方法

1. 乐观：凡事往好的一面想，栽在泥坑里仍有抬头仰望璀璨星光的心情；
2. 善良：心怀善意能让你在纷纷扰扰的世界中拥有属于自己的温暖天地；
3. 热情：热情是火柴，能点燃生命的火焰，从而不畏生活的寒冬；
4. 勇敢：为达成梦想，不怕穿越刀山火海；
5. 自信：坚信我是美的，我是好的，我是最棒的；

6. 不泄气：在困难坎坷面前不言败，摔倒了再站起来；

7. 从容：不计得失，宠辱不惊；不要让周围的环境和别人的闲言碎语影响你。

好心态决定好未来。拥有了健康良好的心态，你就等于成功了一半，你会发现乌云密布、荆棘丛生的世界简单了很多，变得鸟语花香、阳光和暖。世界在你的心中，就看你怎么对待它。

NO3. 学习正能量修炼

这个社会科技发展迅速，人才辈出，每天都在发生着日新月异的变化，作为企业领导者，只有不断学习新知识、新技能，才能带领企业前进，不被社会淘汰。下面我们来看一组数据，进行对比：

$1.01^{365}=37.8$　　　$0.99^{365}=0.03$

$1.02^{365}=1377.4$　　　$0.98^{365}=0.006$

1.01 与 0.99 的差别看似不大，但如果每天都有这么一点差距，365 天下来，便会差了不少。1.02 与 0.98 的差距更是明显，如果别人更努力，而你还在退步，那么 365 天下来已是天差地别。假设每个人的能力是“1”，那么每天学习积累一点点，一年下来，十年下来，你会有巨大的进步与飞跃。每天懈怠一点点，一年下来，十年下来，你会突然发现自己已退步落后太多。积跬步以致千里，积怠惰以致深渊。只比你努力一点点的人，其实已经甩你太远。成功人士与普通人的差别在于：他们在不断学习积累，不断努力，为未来打下越来越坚实的基础。在这个时代，原地踏步相当于退步。如果故步自封，不懂学习进步让自己的知识储备更新升级，你的未来将与别人有天壤之别。

● 学习正能量修炼方法

1. 坚持良好的持续学习的习惯，不要三天打鱼两天晒网；

2. 与成功人士为伍不仅可以扩大我们的人脉圈，他们的经验还能让我们少走弯路；

3. 多看看成功者所读的书籍，你会发现里面有走向成功的奥秘；

4. 把学到的知识归纳总结，变成自己独有的知识体系，并把这些知识应用到实践中，变成自己的智慧；

5. 埋头走路也要停下反思，时刻问自己“我学到了什么”，“我的工作还需要怎么改进”；

6.门门通不如一门精，在你感兴趣的领域专注学习。

人生的成败取决于工作之外的业余时间，学习是进步和超越的唯一途径。人生如逆水行舟，不进则退。每天学习一点点，做个天天向上的领导，带领整个企业蓬勃发展。

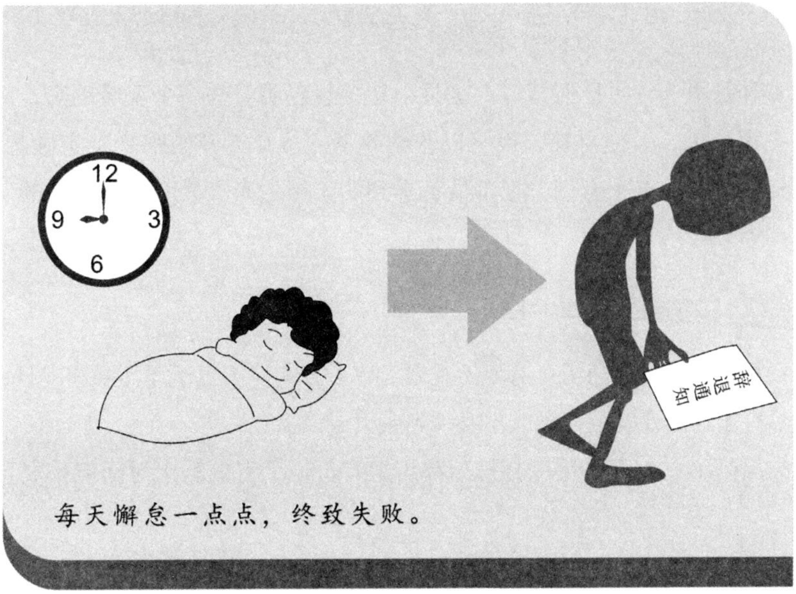

NO4. 时间正能量修炼

寸金难买寸光阴。时光如水，我们只能用双手短暂捧起，但它最终还是会从指间滑落，一分一秒都转瞬即逝。生命的精彩，从今天、此刻起航。永远不要指望以后无限多的时间，把握现在的时光，做好当下的事。

【故事分享】

秋风一阵阵吹来，行人纷纷缩着脖子，拉紧衣服。路边有一棵大树，叶子已经掉了大半，一只小鸟在树上冻得哆哆嗦嗦，唱歌都变了调，它自言自语："天可真冷，寒风冻死我了，明日一定要垒个暖和的窝。"第二天天亮了，它看着暖暖的阳光，"算了，这么好的阳光不享受多可惜，先去玩吧，明天再开始垒窝"。到了晚上，气温又降低了，小鸟下定决心明天一定把窝垒好。但是每当它一觉醒来看到灿烂的太阳高高挂时，就又懒得行动了。就这样日复一日，每天晚上它都在寒风中扑打着翅膀默默下定决心明天一定给自己垒个温暖的窝。天越来越冷，冬天来了，酷寒的冬风像刀子一样划在小鸟身上，它仍然在幻想明天就会有一个温暖的窝了。最后，它被冻得奄奄一息，失去了知觉，被漫天飘落的大雪埋没了。

明日复明日，明日何其多。这只小鸟总想着明天垒一个温暖的窝，却不能好好把握今天，一拖再拖，最终以悲剧收场。从今天开始踏踏实实做些事情，远比幻想美好的未来有用。把事情都推到明天做的人，只能望着蹉跎的万事空悲切。

● 时间正能量修炼方法

1. 对自己的时间利用有清晰的规划，有了方向才不至于浑浑噩噩度日；

2. 有了计划要马上行动，不要等到明天或以后；

3. 提高工作效率，让每分每秒都用得有价值，有效利用时间能拓展生命的深度；

4. 做事不拖延，给自己的工作定时定量；

5. 做事条理要清晰，有主次先后之分，在重要事项上花费更多时间和精力；
6. 会时间管理的人是少作而不是多做，不要把时间浪费在无用的事上；
7. 每隔一段时间给自己作个小结，反思时间利用情况，扬长避短；
8. 埋怨发牢骚，沉湎于幻想未来都是时间杀手，把握现在最重要。

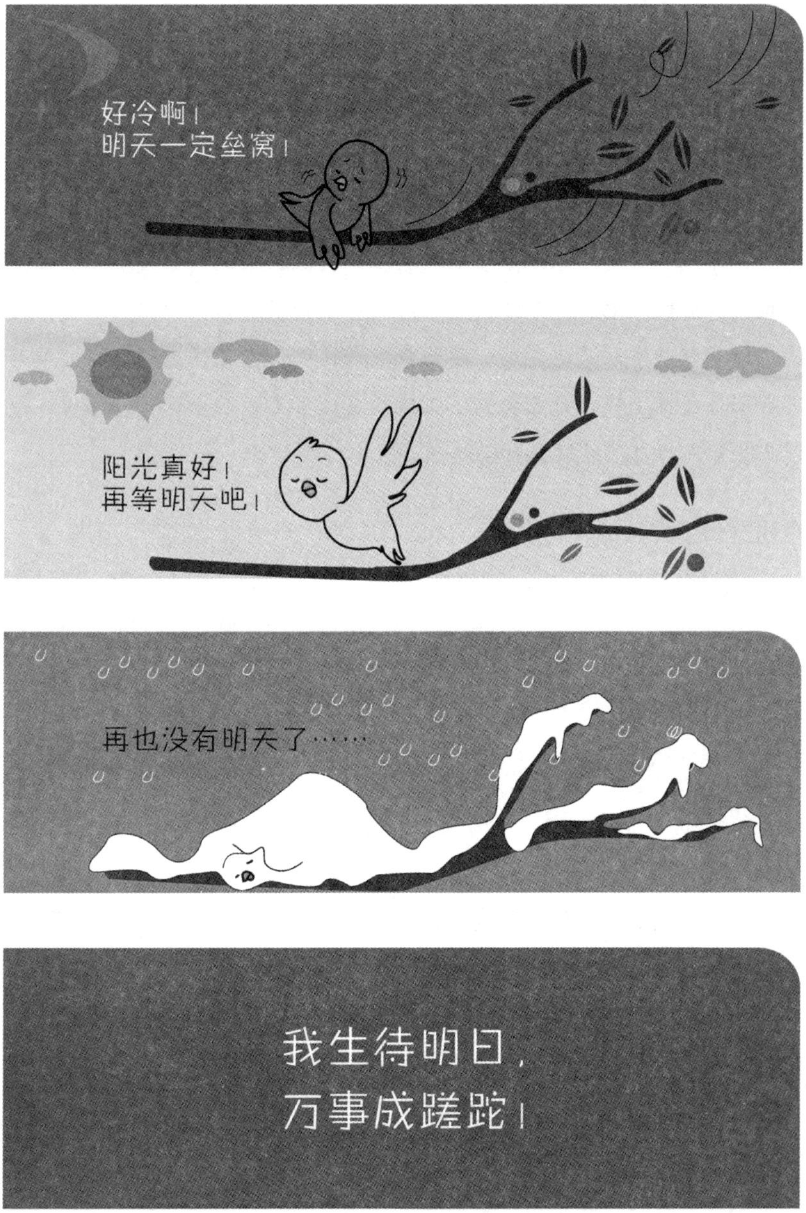

NO5. 行动正能量修炼

【故事分享】

有一个小男孩家境贫寒，他的梦想是有钱后盖一座属于自己的摩天大楼。有一天，他跑到一个建筑工地上，向着装考究的建筑承包商请教："我该怎么做，长大后才能像你一样建造属于自己的大厦呢？"承包商看了看小男孩，语重心长地说："以前我和两个朋友在一个小工地上干活。每天的工作枯燥繁重，一个朋友总抱怨工作时间长工资低，另一个朋友经常偷懒，总说自己将来也一定要当个老板。而我只是默默地卖力工作，早上比别人早一点上工，晚上最后一个走，把每天的工作量都保质保量地完成。因为我表现出色，老板注意到了我，便升我当工头。后来我存够了钱，自己承包了工地，也成了老板。小伙子，你现在要做的就是埋头苦干，为自己的梦想行动起来。"

想建造属于自己的摩天大厦，就必须从现在开始行动起来，砌好每一砖每一瓦。成功只在行动中产生，没有行动，所有的梦想、口号、热情都是空话。幻想着终点处的美丽风景，不如现在迈开第一步，朝着前方行进，行动会带来崭新的精彩。

●行动正能量修炼方法

1. 事情是做出来的，因为夸夸其谈是给成功开空头支票，切记：行动比言语更能打动别人；

2. 踏踏实实做事，行动戒骄戒躁；

3. 养成良好的行为习惯，行动起来会事半功倍；

4. 做对的事，用对的方法，解决问题不能用蛮力，要采取智慧的行动；

5. 敢于为自己的行为负责，做错了不能推卸责任，要勇于承担后果；

6. 成功之前必有挫折磨难，坚持不气馁，不要让行动有丝毫松懈或放弃行动；

7. 从行动的过程中学到的经验技能比结果更重要；

8. 时刻有危机感，激励自己做得更好，每一步行动都要超越当下。

我怎么才能像你一样建造属于自己的摩天大厦？
脚踏实地行动起来

NO6. 客户正能量修炼

【故事分享】

沃尔玛能成为一家世界性的连锁企业，是因为它有一群敬业负责的员工和良好的服务理念。在沃尔玛，员工为顾客服务，领导则为员工服务。所有员工佩戴的工牌除了名字，没有任何职务标注，日常工作时领导会给予员工充分的关心和指导。这种平等亲切的氛围，使员工对公司产生了强烈的归属感，从而能全身心投入工作，更好地服务顾客。沃尔玛始终坚持“顾客第一、微笑服务”，设身处地为顾客着想，最大程度地为顾客提供方便。沃尔玛曾在分析顾客购买清单信息时发现，啤酒和尿布这两种看起来不相干的东西经常同时出现在购买清单上，后来经过多次市场调研发现，原来是因为美国很多男士在给小孩买尿布时会顺手带几瓶啤酒。发现了这个消费习惯后，沃尔玛便调整货物摆放位置，把啤酒和尿布放得很近，不仅方便了消费者，还使啤酒销量大增。

沃尔玛的人性化管理带动了员工的工作积极性，使员工能带给顾客更好的服务。此外，它从顾客需求出发，尽最大可能为顾客提供便利，促进了自身的盈利。客户是企业发展过程中重要的一环，充分认识到客户维系对企业竞争力的战略意义，获得客户信任，提高客户满意度不仅有利于实现企业的盈利，更是一种企业和客户的双赢模式，会使企业发展进入良性循环。在企业领导者的客户正能量修炼中，员工也是必不可少的一部分，领导者不能仅把员工当成下属，更要把他们看作是自己的客户，增强员工与领导者的凝聚力，实现双方的共同发展。

- 客户正能量修炼方法

1. 提高全体公司成员的自身素质，塑造“顾客第一”的服务理念。只有在员工中灌输良好服务的理念，才能使员工在服务客户过程中，体现对客户的尊重。

2. 用诚信真诚给企业树立良好的形象。领导者应着眼于长远利益，不能为了一时的利益而去损害客户利益，诚信是企业能在市场活动中立于不败之地的奠基石。

3. 良好的服务态度能实现客户满意度。善待尊重客户，将顾客利益放在第一位，用热情洋溢的精神状态对待客户会给客户带来一种超值体验，会为企业形象加分。

4. 结合公司的产品特点和优势，仔细选择适合的客户群。有的放矢地稳固老客户、开拓新客户不仅能节省大量精力，还能实现最好的沟通效果，有利于建立忠诚的客户圈。

5. 领导者与员工是平等共融的关系，应用对待客户的良好态度去对待员工。实行人性化管理，为员工提供良好福利待遇的同时做到真正关怀、体恤员工，照顾到员工的切身利益和感受，增强员工凝聚力。员工的工作积极性提高了，企业才能高效运作，因为员工的工作态度直接决定了客户的服务体验满意度。

NO7. 健康正能量修炼

修炼健康正能量，讲究的是内部世界与外部世界、身与心的平衡。“短寿者与内乱和、平寿者与外感和、长寿者与身心和、久寿者与天地和”深刻地诠释了这一原则：许多健康问题是因内心杂念太多给身体机能运行带来了障碍，长寿的人则是因为遵从天地规律，内外相合，从而获得了天地的能量。只有稳定情绪，放松心情，保持良好心态才能实现身心的协调发展。调节自我内部状态的同时，还要实现与外界的融合，在尊重事物运行发展规律的基础上进行养生，处理好与外部世界的关系。

健康从个体的层面解读，包括生理和心理健康，是一种身心的平衡状态。然而健康不局限于此，从个体和外部环境的层面来说，它也包括具有良好的适应环境的能力，能与社会和谐共处，这是一种个体内部与外部大环境的良好的融合状态。

- 生理健康

生理健康指体重适中，身体匀称，躯体健全，器官机能正常运作。不仅有充沛的精力去完成日常工作，还要有良好的作息生物机制。身体健康的人能抵御感冒和一般的传染病，头发皮肤富有光泽，眼睛明亮，牙齿清洁，气色看起来较好。

- 心理健康

心理健康指没有精神上的疾病，它的重要标志是对生活充满热情，积极乐观；同时具有稳定的情绪和良好的情绪控制力，不会陷入极端的精神状态不能自拔。心理健康要求具有良好的心态，精神情绪能自愈修复，保持心理状态的平衡。

- 适应环境

无论身在何处，都能随着环境的变化迅速调整自己的状态，使身心状态较好地适应环境的变化，并能与周围的人融洽共处。良好的环境适应性能让你与世界友好相处，带来和谐舒适的环境氛围。

● 健康正能量修炼方法

1. 形成有规律的生活作息习惯；

2. 合理饮食，营养均衡；

3. 生命在于运动，适当锻炼；

4. 养成良好的心态，笑口常开；

5. 学会控制自己的情绪，不大喜大悲；

6. 掌握一些能更好地融入周围环境的技巧，提高环境适应能力；

7. 多阅读养生书籍资料，从传统文化中汲取养生智慧，修心强身；

8. 顺应天地运行规律，坦然接受生老病死现实，让自己从身边的人、事、物中获取正能量。

NO8. 人脉正能量修炼

【故事分享】

小王大学刚毕业时，进了一家沿海城市大公司，他只是一名普通员工。他发现公司里的员工由于工作压力大，人人都像一只不停旋转的陀螺。大家行色匆匆，面部表情紧绷，碰面时只会面无表情地打个招呼，然后各忙各的。小王感到有些不可理解，决定按自己的习惯处理与同事的关系，每天早晨他会挂着一脸微笑与同事打招呼，晚上下班时又会用轻松的语调与大家告别。做完了自己手头的工作，小王还会主动帮别人做一些小事。面对公司里的老员工，他总是虚心请教，耐心接受他们的指导和意见。对于那些曾经在工作上帮助过自己的同事，逢年过节，他都会发邮件给他们表示感谢和祝福。小王这样的举动看似微不足道，却在人际关系比较淡漠的公司里给别人留下了难忘的印象，大家很快就记住了这样一个真诚热情的青年。几年后，公司要选派一个年轻人去海外深造，小王以高票当选，获得了这次宝贵的机会。

小王获得了宝贵的深造机会，与他以诚待人，在公司里建立起的良好人脉关系密不可分。为人处世，是一门大学问，构造和谐友善的人际关系，你就会如鱼得水，左右逢源。在工作中，能收获的不只是你的财富和经验积累，而更重要的是你认识了多少人，结识了多少朋友，积累了多少人脉资源。人脉是你终身受用的无形资产和潜在财富。

● 人脉正能量修炼方法

1. 周围的朋友决定了你是什么样的人，与高质量的人交朋友；
2. 真诚是打开良好人脉的金钥匙，闲暇时花点时间联络问候一下朋友；
3. 朋友不是等来的，学会主动迈出第一步，把陌生人编织进你的人脉圈；
4. 沟通是建立人脉关系至关重要的一节，提升沟通技巧，注重沟通的效果；

5. 交友时不卑不亢，做最真实的你；

6. 不在背后议人是非，说三道四；

7. 他人遇到困难时，尽自己全力予人帮助；帮助别人就等于帮助自己。

人脉正能量修炼

1 与高质量的人交朋友

2 真诚是打开良好人脉的金钥匙

3 学会迈出主动的第一步

4 沟通是至关重要的一节

5 朋友面前做最真实的你

6 不在背后议人是非

7 帮助别人就等于帮助自己

NO9. 感恩正能量修炼

【故事分享】

韩信年轻时很落魄，经常风餐露宿、吃不饱饭。为了解决吃饭问题，他每天都去河边钓鱼以填饱肚子。但是不是每天都能钓到鱼，运气好了会有收获，一天的食物有了着落。运气不好时，一条都钓不到，只能是白白在河边浪费了一天，无功而返。幸运的是，他每天去钓鱼时，都能碰到一个在河边做活的老婆婆，老婆婆自己也仅是靠做零工勉强糊口，日子过得紧紧巴巴，却还是经常从自己家里端给韩信一碗饭，让他填饱肚子。韩信很是感动，说将来一定会报答她，老婆婆说无须报答。后来，韩信替刘邦立下了汗马功劳，荣华富贵加身，他没忘记给老婆婆送去大量贵重物品以报答当年的恩情。

韩信未得志之前受老人恩惠，大富大贵之后仍不忘当年帮助自己的人。懂得感恩，是一种美好的品德。这是一种积极乐观的生活态度，心存感恩，才会获得宁静和安详。感恩世界，你会发现更多的真善美。

●感恩亲人

父母对我们有养育之恩，为我们奉献了大半辈子的精力。他们为我们筑起躲避风雨的港湾，给予我们的是无私的爱，这种爱是不求回报的。所以，多对亲人表达你的感激之情，不要等到“子欲养而亲不在”。

●感恩朋友

朋友会在你成功时真心祝贺，并提醒你不要得意忘形；会在你失败时伸出援助之手，帮你走出困境。朋友陪我们走过一路的风雨，因此要对你的朋友怀感恩之心，不要把他们的好当成理所当然。

●感恩社会

社会是所免费的大学校，我们在其中摸爬滚打虽有挫折和疼痛，但总是能从社会中获取经验，从而不断成长、不断完善自我。感恩社会，让我们学到了很多东西，让我们收获了人生的酸甜苦辣。

- 感恩爱人

爱人与我们携手相伴，一同走过柴米油盐的平淡日子。感恩爱人，勇于表达你的感恩之情，一个温暖的拥抱，一份小小的礼物，都会让你们的感情锦上添花。怀着一颗宽容的心多包容、多体贴，共筑温暖舒心的人生。

- 感恩帮助你的人

不管是你身边的人还是陌生人，只要他们帮助了你，或许是真诚的行动上的帮助，或许只是一句能让你醍醐灌顶的话语，或许只是一个鼓励的眼神，只要对你的人生有所裨益，都要对他们真诚地道声感谢。滴水之恩，当涌泉相报，把感恩放在心中。

- 感恩对手

没有对手的人生是孤独的，人生有竞争才精彩。感谢你的对手吧，是他们使我们不断完善自我，让我们变得更强大，给了我们不断前进的动力。对对手心怀感恩，因为有了他们，我们才变得更强、更有竞争力。

- 感恩伤害过你的人

有的人或许曾经伤害过你，或许给你的人生带来很大的障碍，让你狠狠摔了一个大跟头……因此，你一直耿耿于心、无法释怀。但是，每一天都是崭新的，放下你的抱怨，感谢伤害过你的人，是他们让我们获取了经验教训，使我们变得更坚强。常怀感恩之心，对人生的不完美你会有更多的宽容，知足常乐。

第四章

领导力的意念力修炼

1. 意念力较量时代已然来临
2. 意念力的解读和应用
3. 潜能的激活和爆发
4. 意念力对我们的影响
5. 心念转了，万事成功
6. 意念力和能量之间的关系与影响
7. 个人及团队意念力和正能量之间的关系
8. 意念力超级应用之人生的六根柱子

NO1. 意念力较量时代已然来临

【故事分享】

广东某两家公司的产品结构类似，一直在争取市场份额上明争暗斗。A 公司拥有一个专业的管理团队，职业经理人是年轻的海归，注重效率，鼓励提倡创新，员工一切有利于公司发展的建议如果被采纳，都会获得丰厚的奖金。A 公司在灵活的管理政策影响下，员工的积极性和创造性大增。同时由于公司的管理层普遍比较年轻，开朗外向，在员工中的亲和力很强，管理层与普通员工的关系也很融洽，公司氛围轻松愉快，所以整个公司都充满着生机。而 B 公司是典型的家族企业，领导者自满骄傲，思想固化，管理专制独裁，管理层多是领导的子女、亲戚，因此整个公司形成了“关系最重要”的不良风气，员工不是钻研技术，而是忙着攀关系。几年后，A 公司越做越强，在市场上的影响力越来越大，而 B 公司逐渐衰落，原先所占有的市场份额也最终被 A 公司占领。

A、B 两个公司的竞争实则是公司人员意念力的竞争，A 公司人员积极上进，而 B 公司人员浮躁、不思进取，因此 A 公司最终在竞争中胜出。不仅企业与企业，生活中各个方面的较量也都是意念力的较量。

意念力来自于人体的能量场，人的言行举止及抽象的思想都是能量场产生能量的外在表现。面对不同的事，我们内心深处会有不同的想法与感受，人体的能量场就会依据这一心理反应通过大脑向外产生一种作用力，这就是意念力。

力量是由心力、体力和外力共同作用的，体力是我们生理的力量，外力是来自于自身之外的力量，而心力则是意识念想的力量。未来的人生是我们意念和行动的结果，而人的一切行为结果又全部源自于意念力。因此，人与人之间的竞争实则也是意念力的较量。当下与未来，国家与国家，民族与民族，企业与企业，团队与团队，正在进入意念力智慧较量与意念力应用较量的时代。

心力 意念力，念想力
体力 生理力量
外力 自身之外的力量
强化
有形能量
无形能量
驱动

NO2. 意念力的解读和应用

• 意

意指我们的意识，是对客观事物的主观反应，包括意志、意向、意愿等，会在言行情绪中不经意地流露出来。人生最伟大的任务就是促进自我意识的觉醒，从而找到自己的人生使命。而日复一日的忙碌与单调重复往往会掩盖了内心深处真实的想法，忽略了心里的声音，从而也埋没了能量的大智慧。

• 念

念指念想，是念想以及如何解决事情的构想。这是一种对事情全局的把握与清晰的判断，是发现问题后，进行思考得到的方法、手段、流程等。念是心里的图像，搭建好了解决问题的模式，才会使一切障碍迎刃而解。

• 力

力指的是能量的表达，这是自身的能量展现出来的作用力。意念有强弱以及完善程度的差异，因此意念体现出的力量也会不同。意念只有通过具体的言行表达出来，才能转化成真正的能量。

世界的发展，世事的变迁，都在被强大的意念力潜移默化地影响着，它来自宇宙，来自我们的内心，无处不在。在生活中，我们要学会利用意念力调整内心状态的平衡，这样不仅有利于人格魅力的提升，人际关系的良性发展；同时有利于事业的发展及家庭的稳定。意念力的应用也是人生状态净化和序化的过程。利用意念力清除杂念和消极的想法，会使我们的心态变得平和，对人格的塑造和控制极端情绪都有良好的作用。同时，意念力对行为的调整能使我们顺利地前进。在生活中，我们要学会打开心扉，强化意念力量的觉醒，增强意念的敏感性，从而有利于及时发现问题并找到症结所在，这就相当于为问题的解决提供了清晰的蓝图。只有意念力强大了，才能激发出更多的正能量。自觉有效地应用意念力，才能不断地提升、发展自我。

意
意识
心里的声音
念
念想
心里的图像
力
力量
能量的表达

NO3. 潜能的激活和爆发

潜能是潜在的、尚未开发的能量。潜能深藏在我们的意念力当中，唤醒酣睡的潜能，能使我们有效地影响、控制和协调人生。

● 放松身心提升 α 波

科学研究表明，人在不同意识状态下，会呈现出不同的脑电波，当大脑频率处于 α 波时，身体与意识都处于较好的状态，身体比较放松，意识也很清醒，这时意识与潜意识的沟通就会变得相对容易。α 波能激发右脑的创造能力，从而有利于灵感的发挥，能力的激发。深呼吸，听放松的音乐，静坐与冥想，利用意念进行积极的暗示都能使我们平复情绪，使紧绷的神经松弛下来，从而能提升我们的 α 脑波，为潜能的激发提供一蹴而就的杠杆。

● 建立明确的目标

为了进行有效的生命潜能的管理，你必须清楚自己究竟想要什么，目标为未来指明了方向可以让我们成长并迈向成功。但是我们必须要有强制自我前进的力量。一旦有了明确适当的目标，便强化了意念力，自我的能量会集中于此，潜能也更容易被激发出来。

● 充分发挥行动的力量

当你实际行动起来，生活才会有了真正的转机。保持永不停止的进步状态，推动你的意念力不断地发生正向的作用力，你的潜能往往就在不经意间显现爆发了出来。不去行动，你永远不知道自己能做得多好，自己有什么样的能力。行动是潜能激活爆发的牢固基石。

● 营造良好的心理环境

潜能的激发须营造良好的心理环境。自信能唤起我们的激情，在充满激情的状态下，你会感到灵感四溢。同时坚强的意志和强烈的愿望会坚定我们到达成功的决心。在这种激情与决心的刺激下，对成功的强烈渴望已深入影响到潜意识。潜能被激发出来，会爆发出非凡的能量。

●适当给自己制造“绝境”

在绝境中，意想不到的潜能会爆发出来。所以，为了充分激发我们的潜力，可以适当地给自己制造“绝境”。不给自己留后退的余地，不给失败找借口，告诉自己不成功便会坠入人生的深渊，从而获得“置之死地而后生”的力量，潜能也会被激发出来。

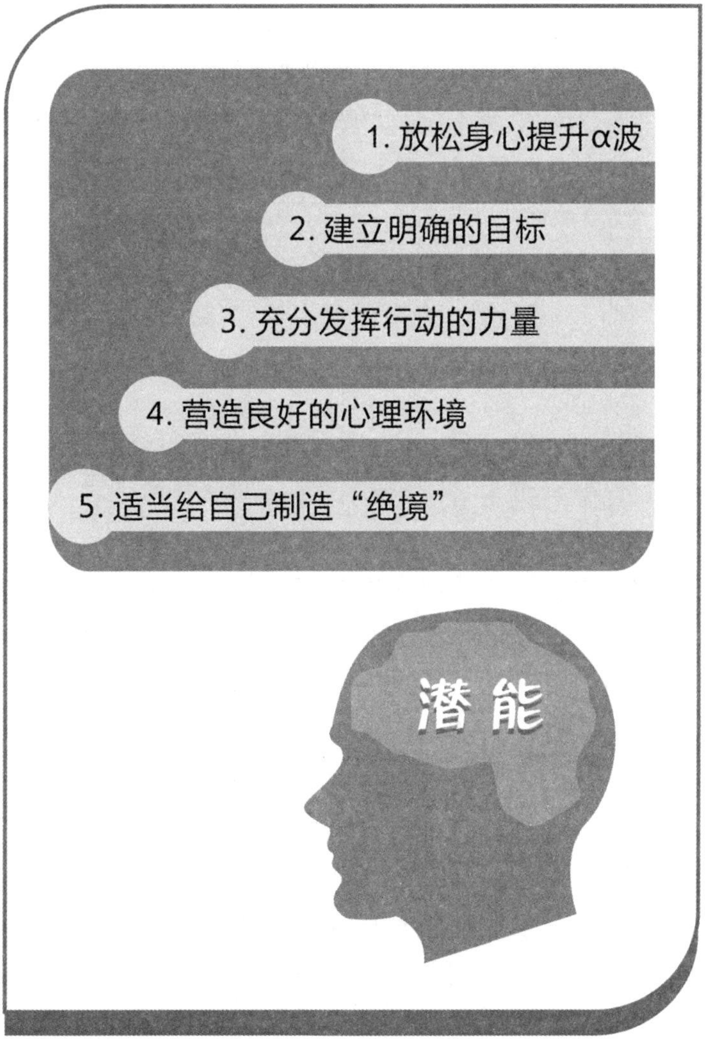

NO4. 意念力对我们的影响

意念力影响我们的世界。你修炼爱的意念力，你的世界将充满幸福；你修炼快乐的意念力，你的世界将充满欢笑。如果你的意念力中有抱怨、挑剔、悲观等黑暗的捣乱分子，你的世界将充满雾霾。

【故事分享】

王利群是某公司的总经理，从小生活在单亲家庭中，性格悲观、孤僻、多疑。由于自身古板、严肃、苛刻，也比较强势，平时很少与员工沟通。即使在沟通时他也总是以自我为主，端着上级主管的架子，显得高高在上，员工提出的有创造性的建议经常会被他一口否决掉。此外，王利群认为只有对员工进行严格的管理才能保证公司的效益，因此，员工一旦出现较大差错，不仅会被扣除工资，还会在公司内部进行通告批评；即使是小的失误，也会被追究工作责任。在王利群不当的领导下，员工的积极性受到了很大打击，为了减少犯错，每个人只做分内的事，而牵扯到共同职责的事就会像皮球一样踢来踢去，没有部门愿意接手。整个公司都充满着紧张压抑的气氛，员工的创新意识也受到了抑制，不敢再向王利群提出建议，公司变得越来越死气沉沉。

王利群的意念力里有一些消极的因子，影响了他的性格及言行，进而也影响了公司的员工。意念力不仅影响自身，还会影响周围的人。他不恰当的领导打击了员工积极性，使公司的气氛变得死气沉沉，这也是他自身不良的意念力在对公司的发展起着消极的作用。意念力在人生中扮演着重要的角色，因为它影响着我们自身的性格、心理、思维、言行，也间接影响到我们身边的人，从而对生活产生了深远的影响。强大的意念力能促进心态、思维方式的调整，从而对言行和问题的解决产生积极的作用力。社会由个人构成，每个人都拥有的意念力会形成巨大的合力，对独特的社会文化的形成起到推波助澜的作用。因此，意念力不仅对个人产生作用力，还在潜移默化地影响着社会文化。

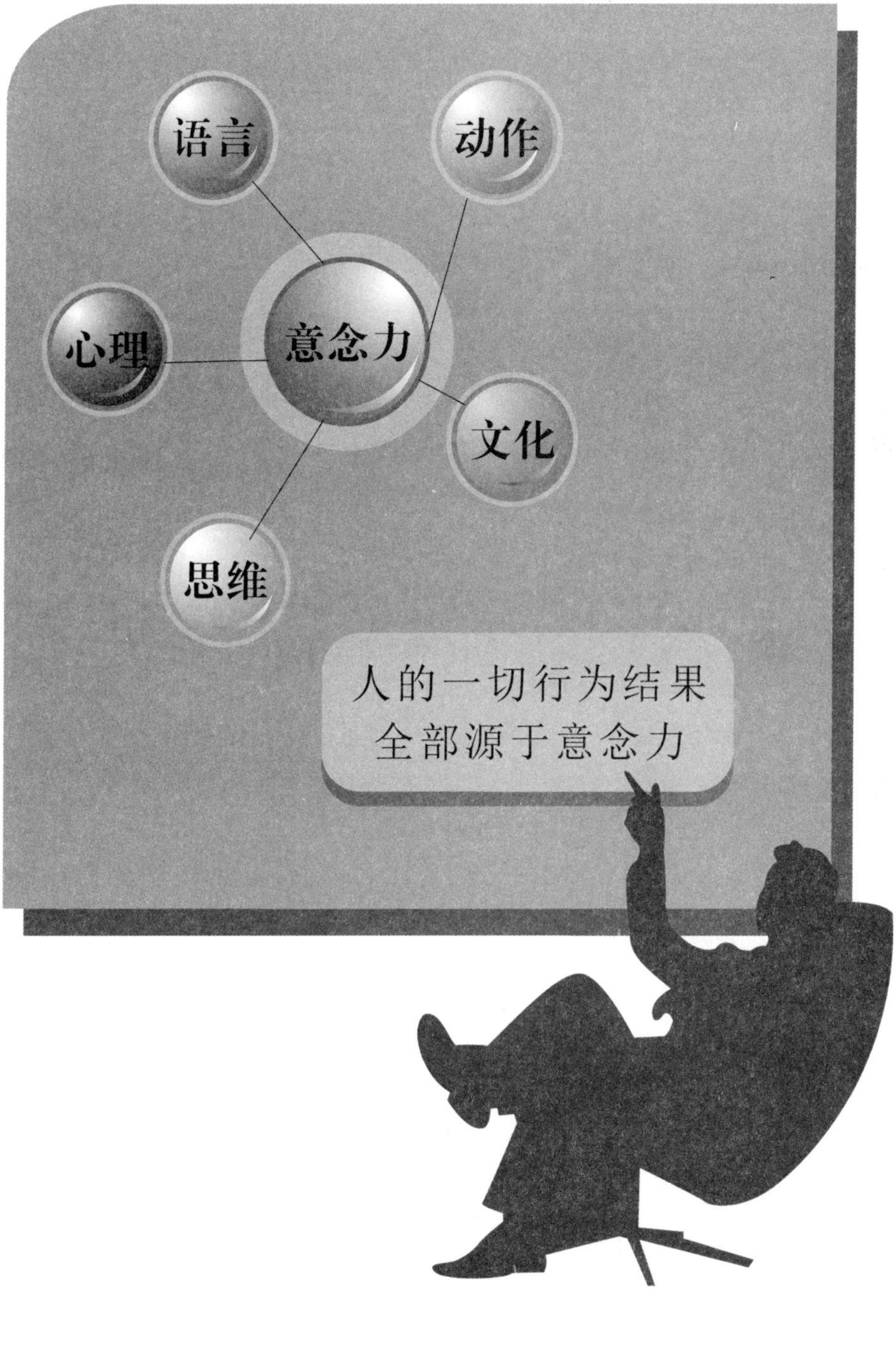
语言
动作
心理
意念力
文化
思维
人的一切行为结果
全部源于意念力

NO5. 心念转了，万事成功

【故事分享】

卢重锦大学毕业后，回到老家承包了一片荒山。利用山上丰富的木材资源，他做起了原木家具加工的生意。由于山里的树木有良好的环境条件，长势旺盛，所以做出来的原木家具看起来材质很好，并且纹理美观，受到了消费者的青睐。就这样，他的生意越做越红火，成了当地有名的创业明星。一天下午，他到山上查看树木长势，一不留神，手里的烟头掉落在地上，他只顾想着第二天签合同的事，竟忘了去捡起烟头。由于正值秋季，天气干燥，枯草遍地，树叶也落了厚厚一层，烟头当晚顺着风势燃了起来。等到人们发现时，已无法扑灭山火。第二天，卢重锦看到一棵棵烧焦的树木时，仿佛一下从云端坠入了深渊。没有了这些树木，他的家具厂也失去了赖以生存的基础。连续几天，他都沉浸在绝望中，整天在家里埋怨自己的不小心酿成了大错。无精打采过了几日后，他决心振作起来，去寻求别的出路。“事情既然发生了，后悔有什么用，不如从头来过。也许，这也会是一次转机”，这样想着，卢重锦顿时觉得释然轻松了很多。他又来到了荒山上，脚下的灰烬激发了他的灵感。这些灰烬是树叶荒草以及树枝燃烧后剩下的，含有丰富的腐殖质。卢重锦决定把它们开发成有机肥料，卖给城里人当种植花草的肥料。就这样，靠着卖有机肥料的生意，他又重新站了起来，下一步还准备把这些花肥进行深加工，出口欧洲，打开欧洲市场。

由于自己的不小心，酿成了大错，卢重锦刚开始时也是沉浸在后悔绝望的情绪中。幸运的是，他很快转变了心念，走出阴影，从而发现新的商机，给自己带来新的腾飞。心念一转，世界便从此不同，我们的前途命运也随之变化。意念作为无形的能量会推动具体的有形的能量发展，而有形的能量又会对意念产生反作用力，强化了无形的能量。未来的人生是我们意念和行动共同作用的结果。因此，你心里的想法和念头决定了你拥有怎样的天地。上天为你关上门时，一定会为你打开一扇窗。当我们的心念朝积极阳光的方向转变时，事情也会变得异常顺利。成败往往只在一念之间。

一念到天堂，
一念下地狱，
你的心在哪，
你的成就就在哪。

NO6. 意念力和能量之间的关系与影响

【故事分享】

李刚和刘军是从小一起长大的好兄弟。因为家境都很贫寒，在艰苦的生活磨砺中，两个人养成了坚毅、不怕困难、不怕吃苦的性格。但李刚一直比较老实，做事有板有眼，而刘军虽聪明，却不如刘刚正直。他们白手起家，经历了艰苦卓绝的奋斗，都有了自己的公司，当上了老板。然而，由于同类产品在市场中已高度饱和，李刚和刘军的公司都积压了大量的产品。资金不能回流，材料供应商的钱不能及时到付，员工的工资发不下来，会影响整个公司的运营。作为大风大浪里千锤百炼的人，李刚和刘军并没有灰心，而是充满了打个漂亮翻身仗的斗志。李刚认真研究市场行情，决定加大研发力度，进行产品的换代升级，用性价比高的产品赢得消费者。刘军却动起了歪脑筋，用差的材料代替好的材料，以节省成本。李刚和刘军都亲自出马，对员工进行不断的鼓励与打气。他们每天都以最饱满的精神状态出现在员工面前，为员工带去活力。一段时间后，因为采用了新的生产工艺，李刚公司的经费越来越紧张，但市场反响却越来越好，产品的订单量在持续上升。刘军虽然节省了成本，暂时解决了公司的资金问题，但低质量的产品受到消费者的不断投诉，在市场的地位岌岌可危。

李刚和刘军都有坚毅的性格，在公司遇到困难时，能带领员工共渡难关。然而李刚的意念力里是正直的因子，因此能寻求前进的动力，创新升级产品，最终走得越来越顺利。刘军的意念里却是不负责任的因子，偷工减料，对消费者不负责任，虽然他本人也有一定的正能量，却带领公司走向了相反的方向，阻碍了公司的发展。意念力和能量之间相互作用、相互影响，只有正能量和意念力都强大，同时发挥正向的作用，才会使事情变得更顺利。反之，如果意念力或正能量发挥的是消极的作用，事情就会越来越糟。

正能量

意	强	强	强	强	弱	弱	弱	弱
念	强	强	弱	弱	弱	弱	强	强
力	强	弱	弱	强	弱	强	强	弱
	成功成就	半途而废	白日做梦	竹篮打水	一事无成	盲目蛮干	随波逐流	纸上谈兵

负能量

意	强	强	强	强	弱	弱	弱	弱
念	强	强	弱	弱	弱	弱	强	强
力	强	弱	弱	强	弱	强	强	弱
	坏事做绝	心术不正	心怀鬼胎	做茧自缚	中毒不深	一时冲动	误入歧途	心存妄念

NO7. 个人及团队意念力和正能量之间的关系

意念力与正能量之间相互影响、相互作用，形成良性的共同完善的关系。正能量对意念力有加持的作用，反之意念力又能激发正能量。

个人正能量是意念力源源不竭的动力，不仅能强化意念力，给意念力注入积极良好的优秀因子，巩固意念力的根基，也能使意念力保持着良好积极的状态。而反过来，意念力的强大能带给我们更多的正能量。一旦正能量被激发出来，事情便开始了良好的循环。个人正能量能使我们充满活力，在这种充满激情的状态下，潜能容易被激发，我们的智慧和能力会得到更好的发挥，前进的步伐会变得更稳。因为正能量能促进身心的健康，我们的身心也会处在最佳的平衡状态，从而建立起了良好的自我发展机制。

同理，团队的正能量场会给团队每个成员的意念力带来积极的影响，每个成员的意念力凝聚起来就形成了整个团队强大的意念力合力。所以，团队的正能量场会加强团队的意念力。强化了团队的意念力，便会激发其成员的正能量，进而使团队的正能量场得到巩固。对于成员来说，个体能量只是有微小的变化，但是汇集到团队后，这种微小的影响会呈几何指数增长，其积极的作用力将是个体正能量的 N 倍。这就是团队的伟大力量，成员之间正能量的相互影响、相互作用，会散发出更强大的影响力，这种凝聚团队正能量场的优越性是个体正能量无法比拟的。

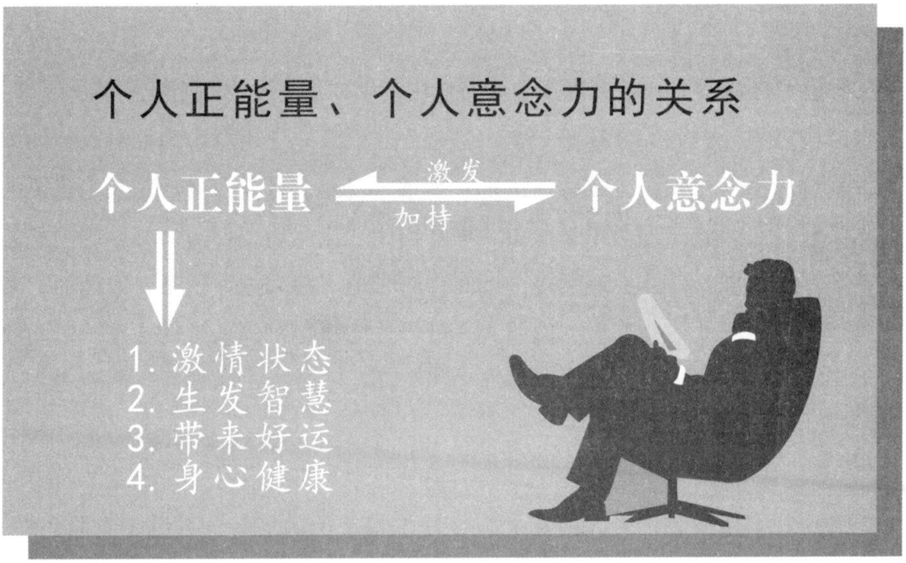
个人正能量、个人意念力的关系
个人正能量
激发
加持
个人意念力
1. 激情状态
2. 生发智慧
3. 带来好运
4. 身心健康

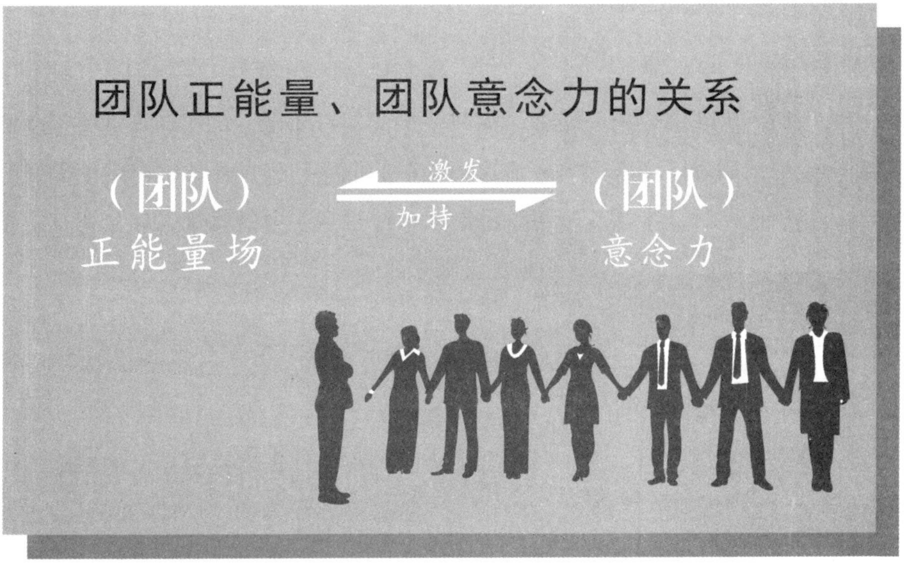
团队正能量、团队意念力的关系
（团队）
正能量场
激发
加持
（团队）
意念力

NO8. 意念力超级应用之人生的六根柱子

我们的一切行为和结果都是意念力作用的结果。意念力是自我主体的灵魂，是人的主意识，决定了自我发展及人生趋势。正确地应用意念力会给我们的人生带来意想不到的收获。健康、快乐、情感、智慧、事业、财富是人生重要的六大支柱，它们彼此之间相互联系、相互作用，让生活变得更美好。应用意念力平衡好这六大支柱，不偏废每一方面，同时也不能太过注重某一方面而忽略了其他方面的发展。只有让它们齐头并进，才能打牢稳固人生的根基，进而收获丰裕的人生。

●健康

遇到重大疾病时，强大的意念力会提供精神上的支持，有助于克服病魔，重获健康。此外，积极的意念力能使我们拥有良好的心态和调控情绪的能力。心态健康，身体机能才会有秩序地运作。身心平衡，健康便常伴左右。

●快乐

快乐的人生充满轻松与乐趣。愤怒、怨恨、不知足、悲观等等这些不良情绪都会投射出阴影。用意念力去清除掉心中的那些乌云，还你一个晴朗美好的世界。快乐是一种让生活变得更好的能力。经过意念力的修炼，你会拥有感恩平和、善于发现美好的心态，快乐也会随之而来。

●情感

世界上没有相同的两个人，每个人的价值观、性格、生活习惯等都会不同，所以情感实际上也是两个人不断磨合适应的过程。你需要克服自己的缺陷，包容忍耐对方的不完美，学习相处的技巧，懂得关心和体贴，这样你的感情才会更牢固。而这些，也都需要发挥意念力的作用。一段健康良好的感情，会促进双方的共同完善与进步。

●智慧

智慧源于书本，源于他人的言行，源于生活的实践。智慧是人生经历风雨后的沉淀。强大的意念力使我们在失败时，不是抱怨放弃，而是认真总结反思，获得经验与智慧。意念力的修炼能让我们发现生活背后的意义，从而不断积累人生的智慧。

●事业

修炼意念力会平衡工作心态，提供努力工作的动力，从而让我们踏实勤奋地做好本职工作。当工作遇到困境时，意念力会帮助我们积极寻找出路，使事业的前景变得更加明朗。强大的意念力是事业腾飞的助推器。

●财富

在积极良好的意念力作用下，我们的身心处在一个最佳的平衡状态，良好的感情状况和人际关系会加快前进的速度，使我们能全神贯注、集中精力在工作上。事业的发展不仅会给我们带来丰厚的物质回报，更是人生价值得到体现，人生意义得到精神上的满足。物质上的财富是我们日常生活的财力保障，而精神财富使人生丰富有内涵。修炼意念力会给人生带来物质财富和精神财富的双丰收。

第二部分
领导力太极智慧

领为阳：司令（攻城掠地）
导为阴：政委（政治思想）

第五章

格局与细节

1. 格局与细节的太极智慧
2. 格局与细节的四象限对号入座
3. 什么是格局
4. 格局四象限及修炼
5. 什么是细节
6. 细节四象限及修炼

NO1. 格局与细节的太极智慧

【故事分享】

从保健品到网络游戏，再到保健酒，史玉柱可以说是做一行火一行。事业成功的背后，是他对行业前景的准确判断。他始终只信奉一个原则，投资只投朝阳产业，“脑白金”、网络游戏“征途”以及“黄金酒”都在市场上获得了巨大的成功。史玉柱进入一个行业前，都会先进行大量精准的市场调研，充分了解消费者的心理及行业发展趋势；此外，他还会虚心向专家咨询，研究行业的发展前景和市场空间。除了对大的行业格局进行把握外，史玉柱还注重在细微处精益求精。在开发网络游戏“征途”时，史玉柱会以玩家身份亲自体验每个环节，一旦察觉有不合适的地方，哪怕只是一个小细节的设计，他都会让策划团队修改。游戏在市场推广期间，网吧里张贴的每张海报位置甚至高度、角度，都是经过缜密思考的，史玉柱有时还会亲自检查，如果没有按照标准张贴海报，随时有可能撕下重贴。正是这种对市场的准确判断以及细节的把握，其产品都获得了成功，赢得了市场。

通过对行业的调研与咨询研究，史玉柱能对产品的行业市场发展前景作出准确的判断。而在细节处的精益求精，是站在消费者的角度看问题，符合消费者的心理，从而给消费者带来更好的体验，抓住了消费者的心。这种对格局和细节的把握，铸就了史玉柱的成功。

修炼卓越领导力，要有既能当好司令，又能当好政委的能力；刚柔并济，阴阳互补的能力以及行动和智慧的综合能力。领导者要懂得攻守，既掌握攻略又能把握好导向作用，从而实现领导者与员工上下同欲，形成强大凝聚力。在领导力中，格局为阳，是领导者的大局观，即领导者的眼光和胸怀。而细节为阴，要求领导者细致入微，对一些关键环节更要精益求精。在领导力的修炼过程中，必须实现格局与细节的阴阳融合，使两者保持在最佳的平衡状态。

细节
格局
格局为阳：
眼光和胸怀
细节为阴：
细致入微和关键环节

NO2. 格局与细节的四象限对号入座

根据对格局和细节把握的不同，可以把企业领导者分为四种类型，与格局细节的四象限中的每一象限对应。

- A 类型：不能把握格局，也不重视细节

企业领导者没有开阔的眼界，看不清市场发展、企业发展的本质，没有统筹全局的大局观；同时在领导过程中忽略细节，细微处管理不恰当，也不注重企业发展中的小漏洞、小失误的修补与改进，这种类型的领导者属于格局和细节四象限中的 A 类型。A 类型的人不仅领导不好企业，阻碍企业的发展，做事还往往会无所成。

- B 类型：胸中有大格局，但不重视细节

B 类型的人分为两种人。一种是有很强大的把握全局的能力，自身气场强大，领导统筹能力强，具备了当大领导的基本素质。在好的商业模式的基础上，自身的号召力、影响力加上勤奋努力，这种人能成为商业领袖。然而大部分人都是另一种人，这种人有很大的梦想，有一些关于未来的美好构想，却眼高手低，不愿从细小处做起，不注重细节的积累，于是经常错失好时机，满腔热情无用武之地，最终也不能达到自己梦想中的成功，容易变成怀才不遇者。

- C 类型：不能把握格局，但很重视细节

有些企业领导者事事亲力亲为，时刻注重自己的言行，以给员工树立良好的榜样。同时，十分注重管理中细节的把握。公司运作过程中出现的小问题，员工出现的小失误等都会当作大问题，给予严肃认真的处理。这种 C 类型的领导者过分追求细节的完美，紧抓细节的同时却忽略了对整体格局的把握，没有站在高处把握市场、产品、客户三者之间的关系，也没有对企业作长远的规划。因此，这种领导者不能带领企业做大做强，只适合当个中小企业的老板。

- D 类型：胸怀大格局，注重小细节

D 类型的领导者既有统筹全局、高屋建瓴地领导管理企业的能力；同时还注重细节的把握。能很好地处理企业领导中的格局与细节的关系，两者兼重的同时又能找到他们的平衡状态。这种既胸怀大格局，又注重小细节的能力是成为卓越企业家的坚定基石。

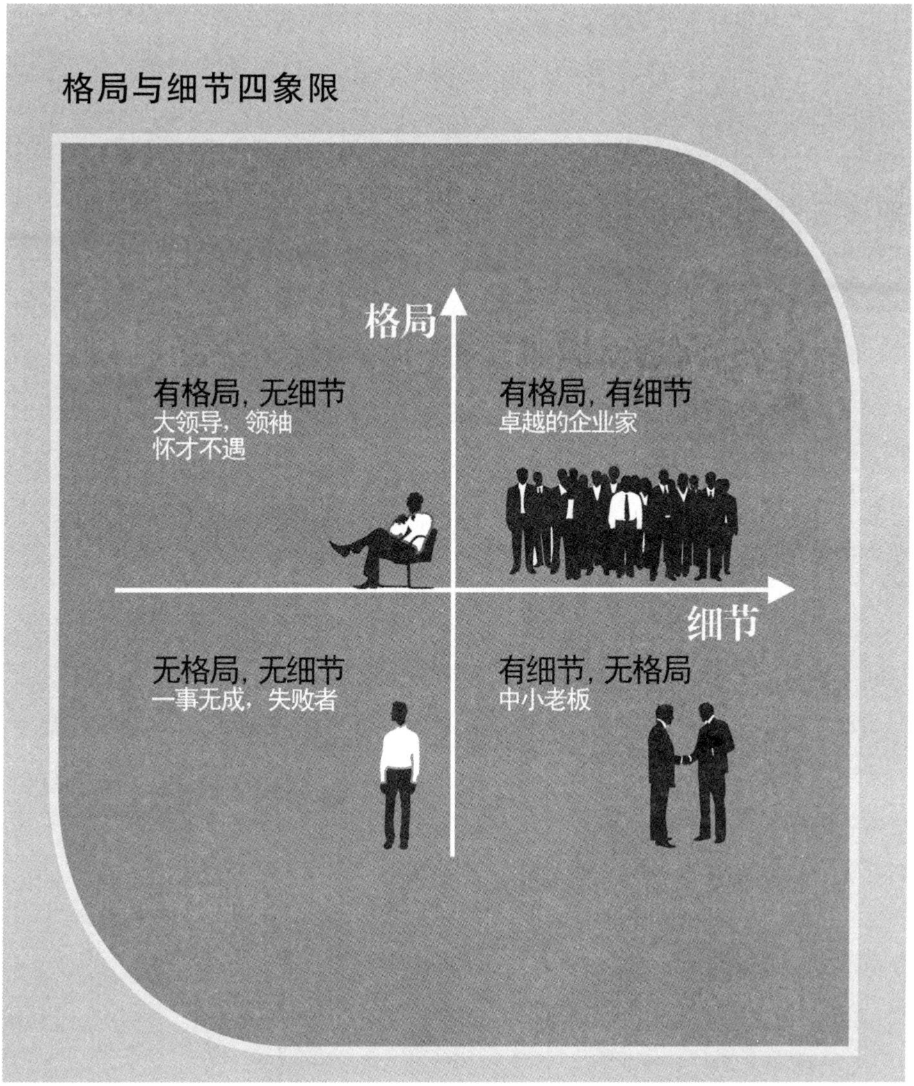

NO3. 什么是格局

【故事分享】

周橙是公司销售部的经理，在她的带领下，销售部的业绩年年上升，为公司效益的不断增长立下了汗马功劳。而她刚刚接手销售部经理的职位时，面对的却是产品一直在市场上没有销路，销量惨淡的棘手局面。这职位听着风光，却是谁都不愿接手的烫手山芋，不仅费心费力，还不容易出成绩，因此在她之前的两任经理都是干了不到三个月便要求调到其他部门。周橙就任后，翻出了历年的销量趋势表进行研究，发现产品在某些月份的销量远远高于其他月份，便决定在这些销量好的月份重点进行产品宣传与推广。此外，她翻阅行业杂志书籍，每天都上网搜索最新的行业状态。她还亲自带领销售部全体成员进行市场调研，拜访客户，取得了第一手最真实有用的资料。在做了大量的前期准备工作后，周橙对行业和市场的发展趋势有了清晰的了解。在这种对全局准确的把握基础上，周橙制定了销售部五年之内的目标和具体的实施步骤，并把它作为销售部的指导方针。销售部的工作渐渐地有了起色，产品在市场上也打开了销路，扭转了公司连年亏损的局面，销售部也成了公司的明星部门。

周橙做了大量的工作，从而对行业和市场有了清晰透彻的了解。她在这个基础上制定的发展规划符合实际情况，使销售部进入了良性发展的轨道。这种大局观和强大的格局把握能力是周橙带领销售部取得优异成绩的关键。格局是一种境界，有什么样的格局，人生就会有什么样的高度。从领导力方面来说就是指领导者的眼光和胸怀。不仅要求领导者对行业市场的发展以及公司未来规划有客观准确的认识，能统筹全局，有精准的眼光；还要求领导者具有宽阔的胸怀。容得了不如意，忍得了艰辛，不在细微处的得失上斤斤计较，这样才是优秀的领导者应具备的胸怀。

销售部五年计划
1、目标
2、实施步骤
有什么样的格局，
就有什么样的高度和命运。

NO4. 格局四象限及修炼

领导力修炼中，格局的修炼也是领导者境界的修炼。格局的大小是由领导者的眼光和胸怀决定的。眼光差胸怀小的领导者会给公司发展带来重重阻力，带领企业走下坡路；而眼光好却没有宽广胸怀的老板也不会带领企业做大做强。如果一个老板性格温和且有宽广的胸怀，但却不具备战略眼光，就只能成为员工心中的“老好人”，不会有太大的作为。真正卓越的企业家是具有精准的眼光和宽广的胸怀的，在他们的领导下，公司才能发展壮大，成为行业中的领头羊。

● 眼光的修炼

1. 充满求知欲的大脑是眼光修炼的基础。企业领导者只有不断学习，才能了解行业的发展现状，从而根据市场趋势调整企业的发展方向，跟得上市场的潮流。为了不被市场淘汰，领导者必须处于“整装待发”的状态，根据行情采取更有利的计划。

2. 精准的眼光需要有准确的市场分析做后盾。没有对行业和市场发展规律的把握，就不可能作出符合实际的公司发展计划，从而出现产品跟不上市场潮流，不符合消费者心理，产量过多或过少等这一系列不良状况，影响了公司的发展。

3. 多与行业中的佼佼者接触，虚心地向他们请教与咨询。他们对行业的透彻研究会使你受益匪浅，不仅使你的眼光更精准，提高你对格局的把握能力，还有利于你正确地规划公司未来的发展道路。

● 胸怀的修炼

1. 人生不可能事事顺心如意。作为领导者，你更要容得了不公，受得了委屈。当感到委屈时你要学会把对抗、指责等消极情绪转化为积极情绪。忍得了委屈，方能成就大事业。胸怀是委屈撑大的，伟大也是这样熬出来的。

2. 胸怀的修炼，需要意念力提供不竭的动力，同时利用正能量不断巩固。强大的意念力和正能量能影响我们的心态，胸怀的修炼考验的也是心态。在意念力和正能量的共同作用下，胸怀的修炼便会达到新的境界。

3. 与有胸怀的人多接触，他们的经历，他们的感悟和建议，都会对你产生积极的影响。你周围的人决定了你是什么样的人，与胸怀宽广的人在一起，你也会被链接到他们的正能量里，从而对你产生潜移默化的影响。

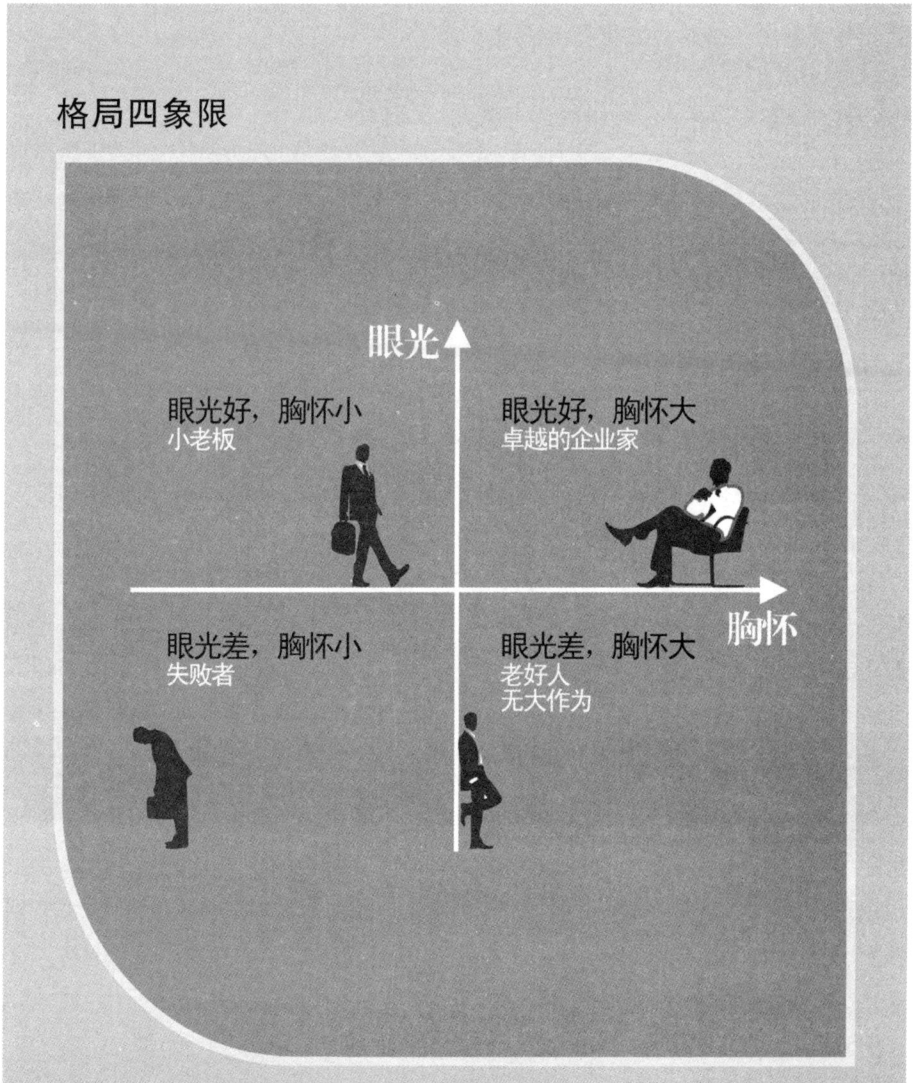

NO5. 什么是细节

在领导力修炼中，细节的修炼不仅要求领导者在日常领导中细致深入，而且要分清主次，抓住关键环节，处理好细节。

【故事分享】

在马其顿的国际计算机招标项目中，竞争异常激烈，每个参与竞争的电脑厂商都卯足了劲，展示自己产品的最好最优越的一面。而海尔电脑最终击败了其他20多家国际知名电脑厂商，取得了成功。其实这些厂商相互间的差距并不明显，厂商们把重点都放在了电脑硬件以及性能上的较量中，而很大程度上忽略了所预装的操作系统等细节方面。海尔则注重细节上的精益求精，不放弃每一细节的表现。在认真地研究了当地实际情况后，海尔为客户量身打造了更适合当地客户的电脑。当马其顿官方语言的系统界面一出现时，便赢得了马其顿教育部等相关各方面的极大好感，为最后的中标打下了坚实基础。

在竞标中，海尔抓住了关键环节，在其他厂商忽略的预装操作系统上下功夫，着眼于用户，不断完善自身的产品，获得了客户的青睐，这种在关键环节细节上的精益求精，为最终奠定胜局加了很大一部分的印象分。企业领导者在把握宏观格局的基础上，还要在细节处下功夫。领导者对企业、员工、产品和市场方面都要细致深入。对员工情绪变化的体察，对产品小细节设计的不断修正，对广告宣传文案中一个词的反复斟酌……这些事虽小，解决好了却也是公司前进的助力。然而，成功的企业领导者也不是事无巨细，方方面面都要抓到抓好，而是要把握好细节，在细节上精益求精。细节决定成败，注重细节，才能带领企业更上一层楼。

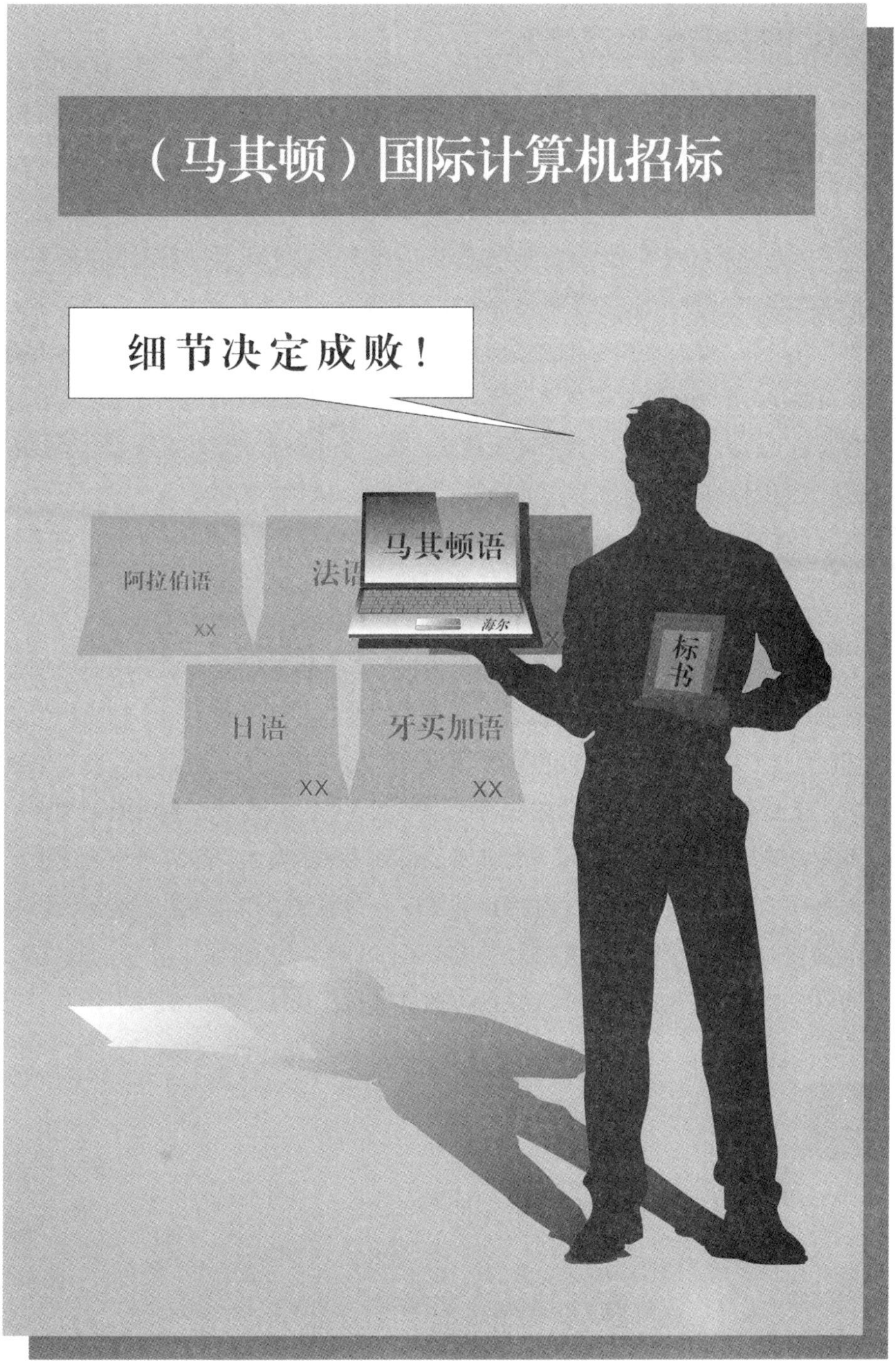
（马其顿）国际计算机招标
细节决定成败！
阿拉伯语
XX
马其顿语
海尔
标书
日语
XX
牙买加语
XX

NO6. 细节四象限及修炼

【故事分享】

刘羽是公司行政部的经理，心思细腻，极度追求完美，她要求手下的员工事事都要做好，每一个小细节都不能放过。她要求女员工不能披头散发，男员工必须要打领带。甚至文件夹的摆放位置，绿植和水杯的摆放位置，回形针怎么别等方面都作出了统一细致的规定。员工一旦没有做到她要求的这些细节，就会被算作工作上的失误，影响当月的绩效评估。在她手下工作的员工每个人都紧绷着神经，时时刻刻提醒着自己不要犯错误。由于在不重要的细节方面花费了太多的心思，从而分散了在关键环节的精力，该做好的没做好，严重影响了日常的工作效率。

刘羽虽然心思细腻，在细节方面做得很好。但由于过度追求完美，工作中没有抓住关键环节，从而导致员工在不重要的细节方面浪费了很多精力，影响了部门的工作效率。对细节的把握要求做好“细”和“节”两方面，既要细致入微；又要突出关键环节，力求其每个细节的完美。领导者做事时既不细致也抓不住关键，公司制定的政策方针便不能得到很好的落实，很容易沦为纸上谈兵；而有“细”无“节”抓不住关键环节时，会导致工作的重点不突出，影响工作效率；“节”而不“细”能抓住关键却不够细致，注定取得不了很大的成就。有大成者必是在“细”和“节”这两方面都做得比较好，既能细致入微，又能在工作中分清主次，不平均用力，保证了工作“效”与“量”的统一。

细节四象限

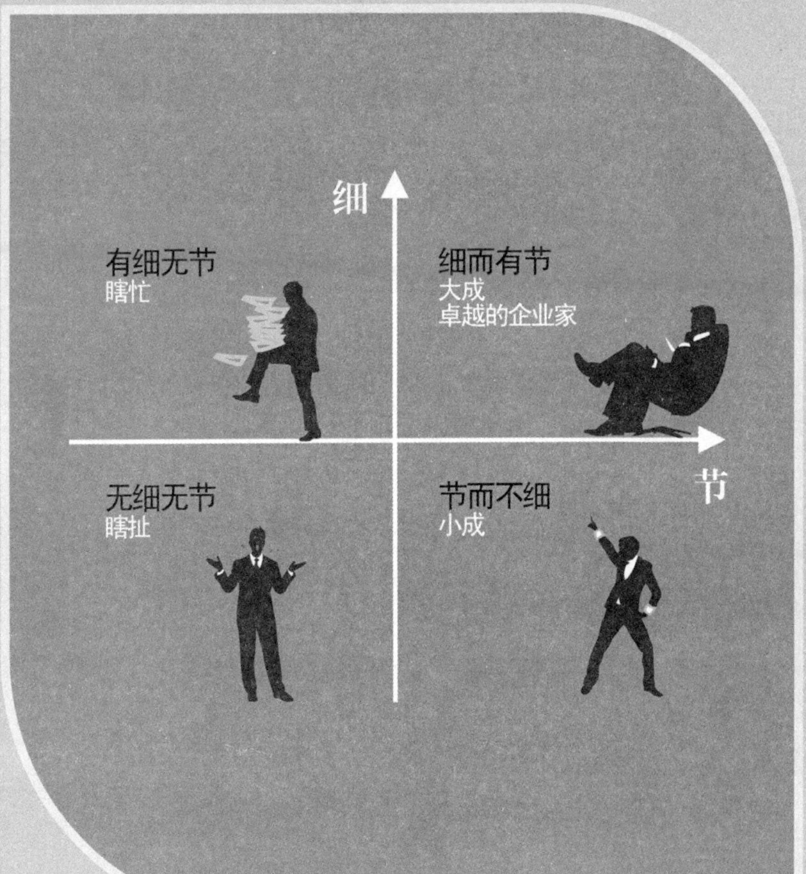

如何修炼“细”

● 用心、用心、再用心

用真心浇灌事业的绿苗，如果工作中不能做到用心，就不可能做得出色，做得不出色，事业就不会有成就。不要为完成工作而工作，这样会让你身心俱疲；要为完成工作而思考、总结、改进、创新，这样才是真正的用心工作，把工作变成充实人生的牢固基石。“处处留心皆学问”，当你用心观察与体验了，才会知道什么地方需要改进，才会发现旁人容易忽略的细节处的不足，从而做得更好。

● 反复记录，每天检查

领导者要养成随时记录的好习惯。记录每天的工作进展，发现的问题，或者只是脑中一闪而过的新想法；每天晚上和第二天早晨时都翻看一下这些工作记录，会发现一些以前没注意到的地方，不仅有利于细节的完善与调整，更有利于晚上对工作的总结和新的一天的工作安排。这样也更容易抓住关键，分清工作的主次。

● 运用辅助工具

闲暇时多学习管理方面的知识，把 5R 笔记法、PDCA、YCYA 等高级管理工具应用到企业的管理过程中，有利于帮助我们处理好细节。

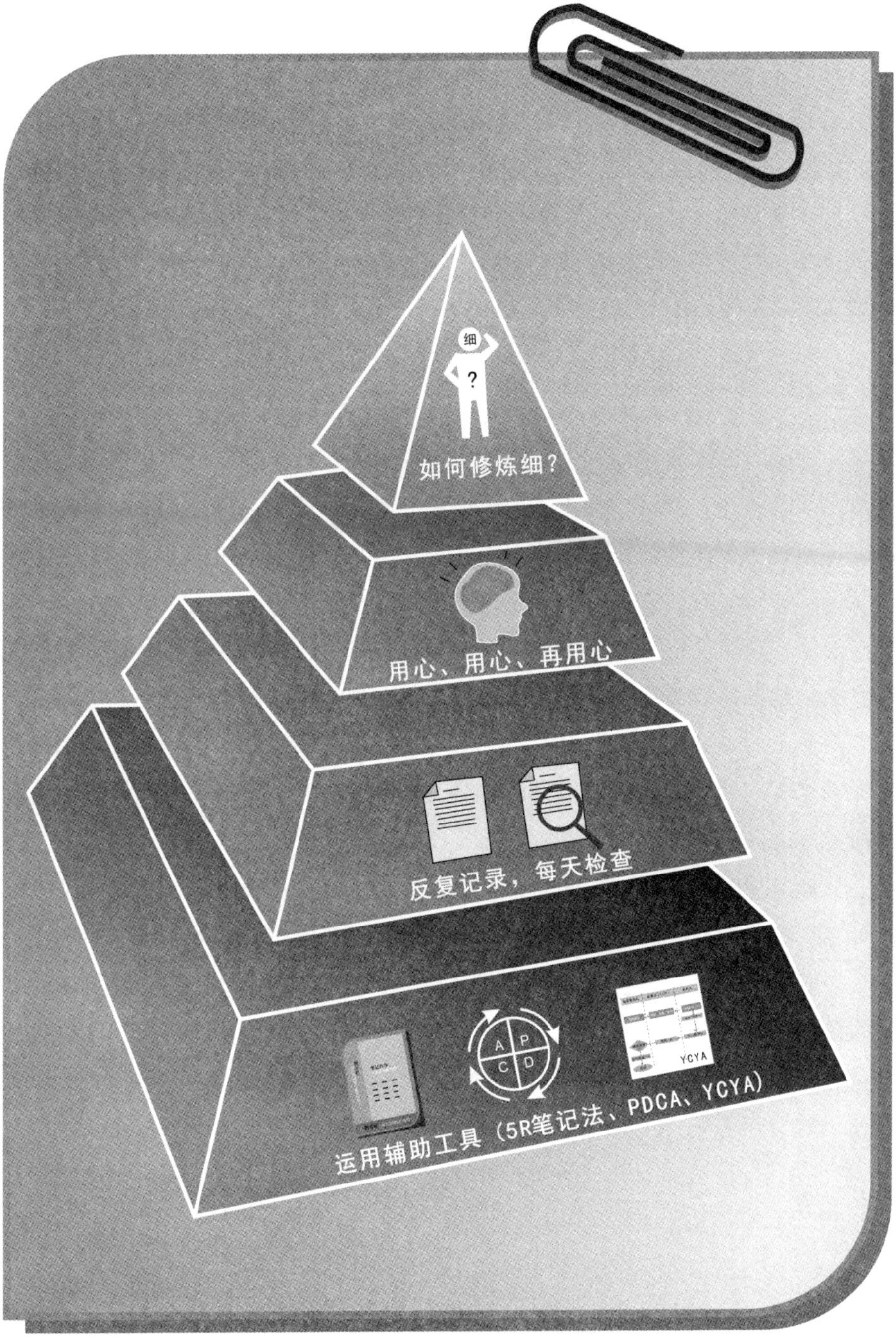
细
?
如何修炼细？
用心、用心、再用心
反复记录，每天检查
A P C D
YCYA
运用辅助工具（5R笔记法、PDCA、YCYA）

● 5R 笔记法

5R 笔记法产生于康奈尔大学，是记与学，思考与运用相结合的有效方法。领导者把 5R 笔记法运用到日常的工作中，会使工作效率提高，更好地把握细节。记录时把一页纸分成了三部分，把左边四分之一左右和下面五分之一左右的空间单独留出来。在右上最大的空间做笔记，左边的一块写一些提纲挈领的东西，下面横着的一块用来作总结。这种笔记法让你的思绪变得明了，更容易理清头绪、思考消化。

● 5R 笔记法操作原则

1. 要把一页纸分成几部分，不同类型的事情记在不同的部分上。而不是把客观的工作进展，总结性的工作要点，还有思考性的工作反思都乱糟糟地记到一起。这样不仅不能使自己理清头绪，反而使自己的思维更混乱，还失去了做笔记的优势与重要意义。

2. 不一定要严格按照比例把一页纸分成三部分，并且规定每一部分必须记录什么。根据自己平常的思考和归类习惯，灵活地应用 5R 笔记法。但要注意自己在一页上的划分部分要有主栏和次栏之分，分清重点和细节。5R 笔记法的精髓是简洁整齐，充分利用做笔记的优势，大部分分种类记录，实则也是对自己思维的理清。

3. 做笔记时可以利用不同的符号加以突出，便于找出重点，把握细节，加深印象，或提出质疑。什么符号代表什么意思，可以自己掌握，但最好形成一套比较稳定的符号系统。笔记可以随时随地更改或添加内容，当你在工作上突然发现了一些细节的问题，或者是在细节上更好的解决方法，都可以把它添加进你的笔记，从而让笔记变成你真正的工作好帮手。

笔记内容
（记录主要事情）
提示栏
（简洁的纲领注意事项等）
概要区（对工作的总结反思）

● PDCA 循环

PDCA 是由英语单词 Plan（计划）、Do（执行）、Check（检查）和 Action（处理）的第一个字母组成，PDCA 循环就是按照这样的顺序对工作进程进行质量管理，并且一直循环进行下去的科学程序。首先对工作进行总体的规划，根据设计和布局，进行具体运作。对工作的结果要进行及时检查，分清对错，明确效果。最后从工作结果中总结成功和失败的经验。在下一个 PDCA 循环中解决待处理的问题。PDCA 循环作为质量管理的基本方法，适用范围广，大到整个公司的运行管理，小到员工个人，可以使我们的思想方法和工作步骤更加条理化、系统化、图像化和科学化。PDCA 四个过程不是运行一次就结束，而是周而复始的进行，一个循环完了，解决一些问题，未解决的问题进入下一个循环。

● PDCA 操作原则

1. 计划阶段。要通过市场和客户调查等，制定企业的发展规划和合理的实施步骤，这一阶段强调的是对现状的把握和发现问题的意识、能力，只有发现问题了，才能很好地解决问题。有了好的方案，其中的细节也不能忽视，需要将方案步骤具体化，逐一制定对策。制定步骤措施时，尽量细化和序化，便于工作细节的把握。

2. 执行阶段。实施第一阶段所规定的内容。根据方案和具体步骤完成任务，做到质与量的统一。这一阶段应保持良好的工作习惯，具备高执行力。执行阶段是 PDCA 的基础，只有做好这一阶段的工作，才能保证 PDCA 循环的顺利进行。

3. 检查阶段。这一阶段的任务就是确认实施方案是否达到了目标。PDCA 循环的正常运行，需要不断检查确保其进度和效果。将采取的对策进行确认后，对检查结果进行总结分析，把已完成情况同目标值进行比较，看是否达到了预定的目标。如果检查结果较符合预期目标，则继续保持现阶段的良好状态，向前行进；如果对结果不满意，则要反思是制定的方针措施出了问题还是执行阶段效率不高，从而进行调整。

4. 处理阶段。主要是根据检查结果，采取相应的措施。首先对已被证明的有成效的措施，要通过总结提炼出来，以便日后的执行和推广。企业运营标准化后，才能走向正轨，标准化是企业治理系统的动力。其次处理遗留问题，从失败中进行总结和思考，吸取经验教训。不可太急功近利，所有问题不可能在一个 PDCA 循环中全部解决，把遗留的问题放在一个 PDCA 循环中努力处理好。

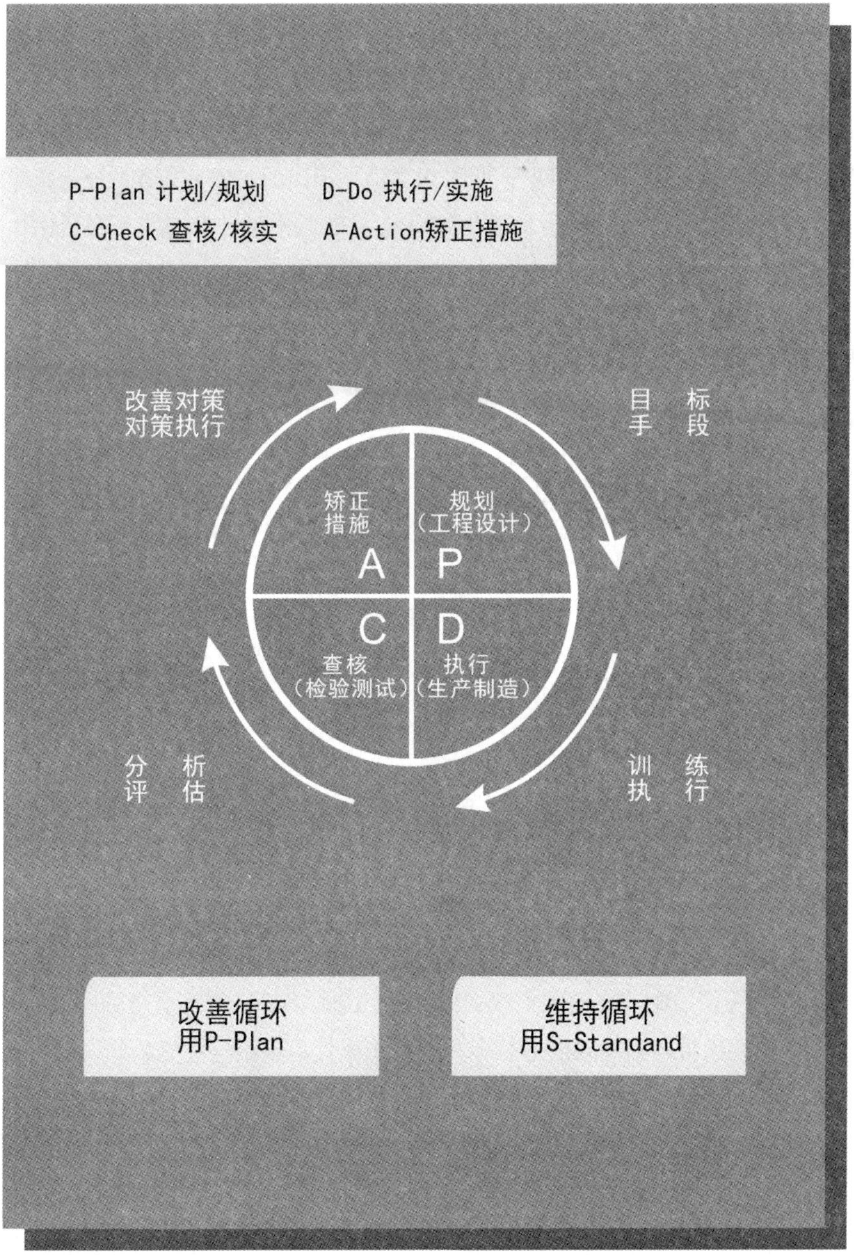

● YCYA 系统

YCYA 是一套要事的承诺管理系统，是一种开放的公众监督体系。Y：Yes，指接到任务指令后，明确作出承诺；C：Check，检查人对执行人的过程和结果进行监督和检查；Y：第二个 Yes，任务完成后，要明确向指令发出人汇报结果完成情况；A：Award，奖惩，根据检查结果，即时奖惩。在使用 YCYA 时，将想要强调和没有执行到位的事放入监管体系，将阶段性短期的事纳入承诺体系，原则底线和工作结果是审核的对象，期限和奖励是承诺的对象。YCYA 分为指令发出人、检查人（一般为 COO，即首席运营官，负责公司日常运营）和承诺执行人三个重要角色。这三个角色互相配合好才能实现 YCYA 的良好循环。

●指令发出人操作要点

1. 发出指令后要及时通知承诺执行人，承诺执行人要选择最合适的人选，采取多种通知方式以确保承诺人知晓；

2. 若承诺人没有提出异议，则为认可此项指令；

3. 对于态度不端正的承诺人，要立即淘汰；

4. 指定 COO 时，要采取分级 COO 制度，公司级命令，即董事长和总经理发出的命令，由公司 COO 检查，其他级别的检查人由本部门内与承诺人无利害关系的第三方承担；

5. 指令要自上而下或平级发出，不能自下而上发出指令；

6. 每次承诺人提交结果后，要给予及时反馈，奖惩分明；

7. 在确认指令无法完成时，及时中止本轮 YCYA。

●检查人（COO）操作要点

1. 制定一份清晰有条理的任务表，让员工时刻牢记自己承诺的完成期限，每天发出后一天将要到期限的汇总表，敦促承诺人尽快做好收尾工作。

2. 对没有完成的承诺人，主动处罚，不是从工资里扣除，而是现场交钱、开收据写明处罚原因，并公布处罚结果。从而使其他承诺人能严格执行 YCYA 流程。

3. 作为第三方的检查人在过程中要向指令发出人了解对承诺人提交的结果满意与否，是否需要开展下一轮 YCYA；在检查该项工作时最好不要提前，而要

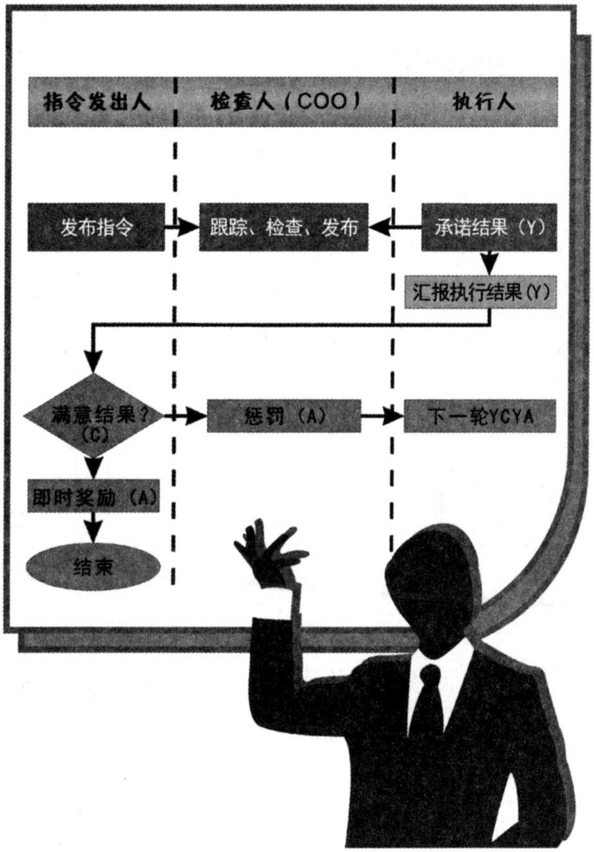

给予承诺人充分自由地发挥空间，使承诺人能合理有效地利用时间。

● YCYA 承诺人的操作要点

1. 必须及时作出承诺底线，作出的承诺在不涉及公司机密情况下，让越多人知道越好，会有利于承诺的完成。

2. 弄清楚指令发出人的指令，明白自己要做的是什么。

3. 如果条件不充分、资源不足造成完成指令有难度，可向指令发出人提出申请。努力创造完成指令的条件和资源。

4. 承诺完成后，根据实际成果自我总结反思，主动要荣誉或主动按承诺自我处罚（主动交钱）。

● YCYA 不适合的地方

1. 阶段性过长的事务性工作、日常工作费时费力，是一个长期的监管过程，短期内不能量化工作成效，会给 YCYA 执行带来困难；

2. YCYA 的对象为一件事，而不是一类事，一些制度性的规章是许多行为规范的总概，因此不适宜用 YCYA；

3. 一些难以在短期内量化的事物不便于考核成果和监督，不适合应用 YCYA。

如何修炼“节”

1. 做一张重要性工作列表，把目前最急迫完成的最重要的事放在最前面，次要的事放在后面，这样按序把各项工作进行排列，会使工作重点一目了然；从而有利于更好地安排自己的时间，知道什么事该重点投入精力，什么事不那么必要，只需花费很少的时间。

2. 时间是有限的，领导者要学会有效地管理时间。在相同的时间内，完成更多的事，把工作做得更好，才算是有效地利用了时间。对待不同的事不要平均用力，事情有轻重缓急之分，在关键环节投入更多的时间与精力，这样会对事情的解决有事半功倍之效。“节”的修炼就是把握好度的问题，其根本是重点问题重点解决，不同事情区别对待。

3. 领导者须在关键环节上注重细节的完善，细致深入、精益求精的同时把握好“度”。此外，“节”的修炼应注意不要把全部的精力一股脑投入到某一个环节上，而忽视了其他环节。关键环节虽重要，其他环节也不可偏废，关键环节的细节处理得再完美，如果其他环节没有做好或处理得很糟糕，也会影响整个进程。所以，在关键环节的细节上重点把握、精益求精的同时，千万不要忽略其他非重点环节。每个环节紧密相扣，都处理得好，才能是完美优秀的一环，从而能保证工作的质量。

工作表
重要环节
做一张重要性工作列表
时间表
12
9
3
6
有效管理时间
工作表
非重要环节
不忽略非重要环节

第六章

导师与管家

1. 导师与管家的太极智慧
2. 导师与管家的四象限对号入座
3. 什么是导师
4. 导师四象限及修炼
5. 什么是管家
6. 管家四象限及修炼

NO1. 导师与管家的太极智慧

【故事分享】

刘成凯在国企工作了几年后，深感这份工作没什么意义，不能充分实现自己的人生价值，于是毅然辞职，自己创业。经过一番市场调研后，他发现家政服务市场需求量大，而且需求量还在不断攀升，有很大上升空间，于是向银行贷了一部分款，成立了一家家政服务公司。两个志同道合的朋友知道后，也纷纷加入刘成凯的家政事业。三个人的创业团队就这样形成了。创业初期，条件比较艰苦，谁都没有抱怨，都在默默坚持着。作为创业团队的领头羊，刘成凯肩负着更大的压力，既要拓展业务，又要管理好小小的创业团队。刘成凯一边给朋友打气，坚定他们的信念，帮助他们克服精神压力，充当他们坚强的精神后盾。另一方面刘成凯的管理比较严格，不会碍于人情，对他们的错误视而不见。相反，会对他们提出中肯的建议和批评，引导他们做得更好，从而使他们的创业团队共同进步。李小川是刘成凯从小玩到大的朋友，也是创业团队中的一员，性格一直比较懒散，刚开始的几天他都是上班时间过了半个多小时后，才顶着一头乱发，睡眼惺忪地走进他们的临时办公室。刘成凯刚开始是间接提醒了李小川一下，李小川却觉得就三个人，而且大家都很熟，用不着那么较真。第二天，李小川仍旧迟到了，刘成凯见状，语重心长地对李小川说："我们毕竟是一个公司，公司要有公司的规章制度，没有规矩，不成方圆。你这段时间连续迟到，已经严重违反了公司的规则，所以你这个月的绩效工资被扣除了。"李小川听后，觉得确实是自己做的不对，便坦然接受了惩罚，工作态度变得积极认真起来。在刘成凯的领导下，他们的创业团队得到了巩固和发展，每个人的能力都得到了提高。他们的家政服务公司也渐渐红火起来，公司运营走向正轨。

刘成凯在创业初期，既要给创业伙伴提供精神上的支持和鼓励，引导他们做得更好。同时也会客观地指出朋友身上的缺点，给予惩罚，从而保证了公司秩序的正常运行，使他们的家政服务事业慢慢做大。修炼成功的领导力既要做好表率，给予引导和帮助，成为伙伴的导师，又必须要当好一个管家，纠正每个伙伴的错误，促进他们不断完善与进步。只有这样才能实现表率、教导与管控、梳理的统一，做到导师与管家两种角色的平衡。

NO2. 导师与管家的四象限对号入座

在企业领导中，领导者既要担任导师又要担任管家的角色。根据在不同领导者身上，导师与管家角色状态的不同情况，可以分成以下四种领导。

- A 类型：既不会做导师，又不会做管家

一些企业领导者制定了严格的规章制度，要求员工必须遵守，自己却多次违反，不能以身作则。这样的领导者不能起到良好的表率作用，在员工中的威信就会大大降低。此外，这些领导者不善于对公司进行管控，不能及时发现、纠正员工的错误，公司各种事务的处理状况也是一团糟。这种领导者是失败的，不能很好地梳理公司的发展情况，也当不好表率，造成管理效率低下，在其领导下，公司的状况会越来越差。

- B 类型：只会做导师，不会做管家

这种领导者很注意自己的言行举止，自己带头严格遵守公司的规章制度，工作上积极认真负责，给员工树立了良好的行为典范。同时这种领导者具有很强的领导力和感染力，能与员工打成一片，善于对员工进行口头动员和言语教诲，但是缺乏较好的管控公司的能力。在与员工融洽共处的同时，这类领导没有做到恩威并重、严慈结合，会造成员工思想松懈，领导的命令便不能很好地被执行。只会做导师不会做管家的领导是教授式的领导，容易沦为教条主义者。

- C 类型：只会做管家，不会做导师

这种领导对下属管理严格，能及时发现员工的错误并使其改正；对公司的管控能力较强。但是却不能以身作则，为员工树立榜样。因此这种只会做管家不懂得做导师的企业领导者不能与员工建立和谐亲近的关系，不能起到表率作用，注定会变成企业严苛的管家婆，不能带领企业做大做强。

- D 类型：既会做导师，又会做管家

这种企业领导者既能做好表率，成为员工的导师，又能当好一个管家，纠正员工的错误，促进其成长。因此是一个好的师傅，能推动他人进步，成就他人。实现了导师与管家角色平衡的领导者，便是实现了表率、教导与管控、梳理的能力的统一，因此更容易做出成就，成为卓越的企业家。

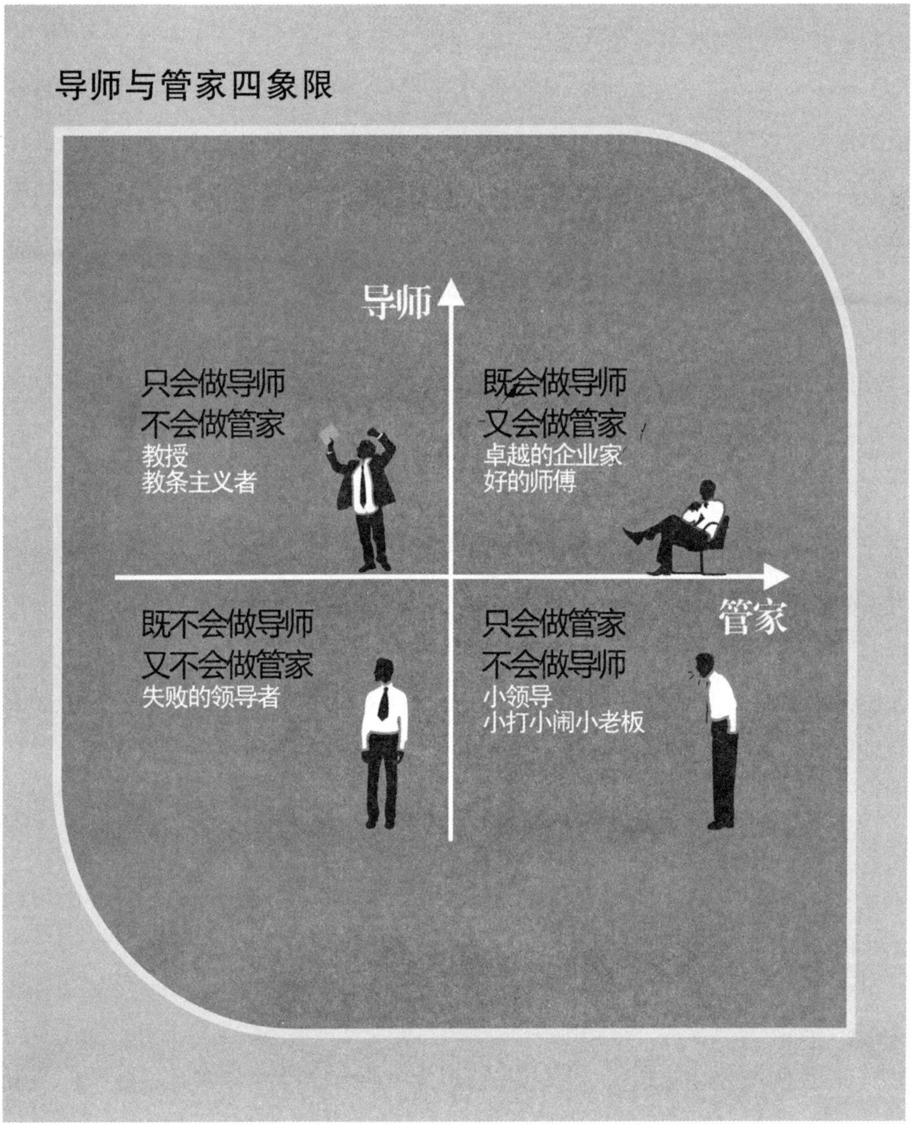

NO3. 什么是导师

【故事分享】

钱祥磊是一家广告公司的老板，他要求员工在工作中必须认真负责，不能有丝毫的差错。他像一个普通员工一样按时上下班，每天早晨他都会早早来到公司，晚上也会坚持到最后走。员工的每一个设计作品他都会亲自过目，仔细斟酌，哪怕是细节上的小问题，他也不会放过，一直修改到满意为止。在他以身作则的示范下，员工工作态度积极端正，对待设计作品都很认真负责。除了身先士卒，给员工树立榜样外，钱祥磊还十分注重对员工的引导，有一天他发现公司新招进来的小丁工作时总是在唉声叹气，愁眉苦脸，通过与小丁深入地交流后，钱祥磊了解到小丁由于自己在做设计图时总是找不到灵感，不知从何处着手，所以心情很沉重，郁郁寡欢。钱祥磊先是鼓励了小丁，帮他重塑信心，然后告诉他多看一些作品集多读书，积累多了灵感自然来了。在钱祥磊的帮助指导下，小丁也渐渐成长为一名出色的员工。

钱祥磊要求员工工作时要认真负责，他自己也在严格遵守着这一点。他用自己的实际行动给员工树立了良好的榜样，给整个公司创造了认真负责的工作氛围。此外，他还善于对员工进行引导，给员工传递正能量的同时，还指导员工应该如何做。在钱祥磊的带领下，员工在进步，公司在发展。作为一个优秀的领导者，你必须既要起到表率作用，以实际的一言一行为员工树立榜样，又要起到教导之责，鼓励支持员工，促进员工与公司的共同发展。修炼领导力要求领导者尽到导师之责。一般意义上，导师是指引我们的人生和工作方向的人。领导者既起到了榜样示范的作用，又能引导员工朝好的方向发展，这样的领导才能称之为是员工的导师。

优秀领导者不仅要起到榜样示范的作用,还要能够引导员工朝好的方向发展。
哎,设计没有灵感……
多看一些作品集、多读书,积累多了灵感就来了……

NO4. 导师四象限及修炼

作为一个优秀的领导者，必须既要起到表率作用，又要起到教导之责。领导力的修炼分为表率和教导两个方面。

既不能起到模范带头作用又不懂教导的领导者会把公司前景的美好设想变为纸上谈兵。自己不能实现有效地管理，也不能有效地去引导员工。而起到良好表率作用却不能很好地教导员工的管理者只适合当一个小老板；只会做不会教便不能带领企业走得太远。只会教导员工该如何做，自己却不能以身作则的领导者会是一个专制的领导者，在员工心中便成了“州官”形象——只许官府放火，不许百姓点灯。这样的领导者不容易在员工中建立真正的威信。真正成功的员工的导师能树立良好的榜样，同时团队也带得好，能促进员工的发展，这样的企业才是有发展的潜力和希望的。

● 如何修炼表率

1. 领导者要求员工遵守规章制度的同时，自己也要身体力行。上班不迟到，每天佩戴胸卡、按时打卡等行为能给员工起到良好的示范作用，使员工端正工作态度，积极认真地工作。

2. 公司遇到困境和挑战时，领导者要身先士卒冲到最前面。这样会给员工带来很大的鼓舞，有利于公司渡过困境，实现发展。

3. 领导者制定规章制度时，不能太绝对专制，自己也做不到的事情，最好也不要要求别人做到。领导者的榜样示范作用是员工前进的动力。

● 如何修炼教导

1. 修炼教导需要领导者当好一个教练，严格而有原则。用正确的方法促进员工进步。

2. 优秀的领导者不仅善于发现员工的问题，而且更能指出员工问题的根源所在，这样才能使员工避免下次在同类问题上犯错。

3. 领导者要加强自我修炼，学习先进的企业管理的知识和技能，切实提高自己的企业领导水平。

导师四象限

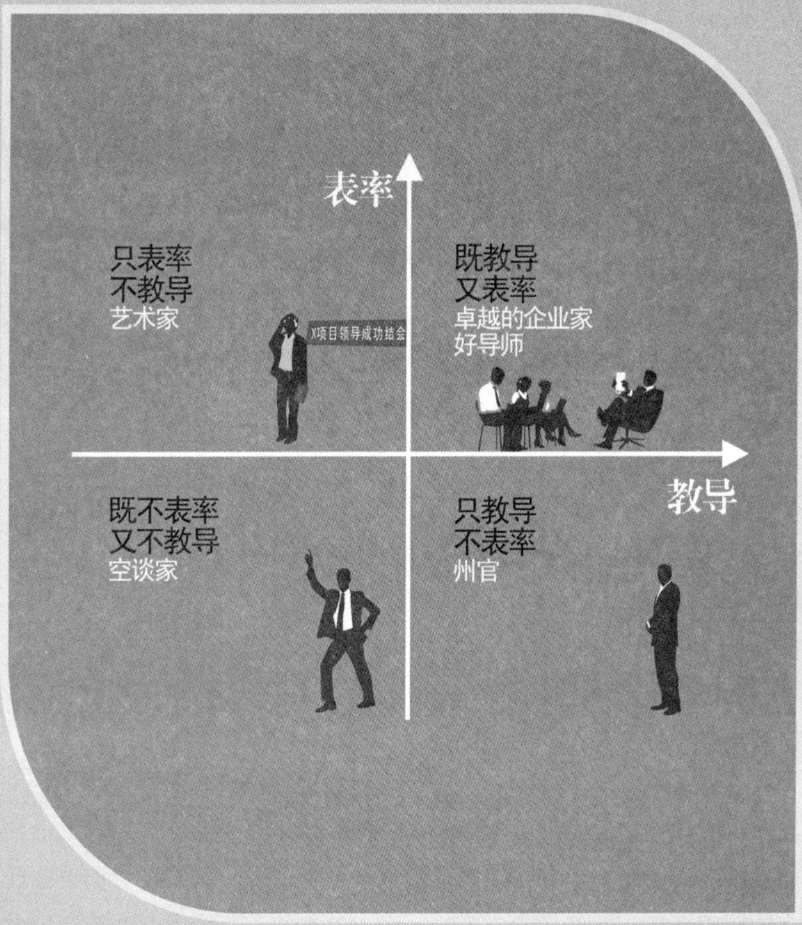
表率
教导
只表率
不教导
艺术家
X项目领导成功结会
既教导
又表率
卓越的企业家
好导师
既不表率
又不教导
空谈家
只教导
不表率
州官

NO5. 什么是管家

【故事分享】

李峰海自己经营着一家私人小公司，虽然员工不多，也就二十人左右，但是员工的工作效率都很高，公司的效益一直在呈良好发展态势发展。李海峰制定了一套完整的人性化的规章制度，并且善于用人，根据每个员工能力的不同，把他们调动到不同的岗位。平常在公司里，李峰海不仅为员工努力营造轻松自在的工作环境，还与员工形成了十分默契良好的互动关系，整个公司的人际关系简单温馨。在日常的工作中，他制定决策时，通常会先询问员工的意见；当员工出现情绪波动、工作态度消极时，李海峰会及时与员工沟通，了解员工所面临的困境，排解员工的不良情绪。有一天，有客户投诉公司发错了产品型号，李峰海找到负责人小许，问她是怎么回事。小许说最近孩子生病，晚上要照顾孩子，所以白天状态不太好。李峰海听了，便对她说："你这属于工作失误，要扣绩效奖。孩子病了是挺费神，要么你先回家照顾孩子，等孩子病好了，再来上班吧。"李峰海为公司创造了一个强大的正能量场，员工对公司有强烈的归属感，公司人员关系稳定和谐，员工对他的高超管理能力很是佩服，每个人都兢兢业业，为公司的发展贡献出了自己的力量。

李峰海在领导公司的过程中，制定了一套灵活的人性化的规章制度，并且善于用人，使人才资源得到最大程度的发挥；他既能和员工处理好关系，善于把员工的负能量转化为正能量，又能及时发现问题及时解决，"防患于未然"，在他的正确领导下，公司员工士气高涨，工作效率高。修炼领导力，很重要的一点就是学会如何做一个好的管家，管家就是管理者，能实现管控与梳理两方面能力的阴阳平衡。管理是堵与疏的关系，优秀的企业管家既要有管控事物的能力，又要能及时理顺公司的发展方向，疏通公司发展中的矛盾，从而使公司发展进入良好的运行阶段。

工作失误要扣绩效奖
先好好照看孩子，
等孩子病好了再来上班。

NO6. 管家四象限及修炼

领导力的修炼中，导师与管家的平衡需要领导者当好管家这个角色。企业管理者需注重管控和梳理两方面的平衡，才能实现团队的有效管理。

不懂管控公司事务且不能清晰地梳理公司发展情况的领导者会使公司员工处于放羊状态，这是一种管理无能的表现。只会对员工进行严厉的管控，凡事只看重利益，却没有以人为本，不会梳理与员工的关系，这种领导者在员工心中是专制威严的形象，不利于公司健康的发展。另一种领导者则是居委会大妈型的，善于调节员工关系，只会疏通却不懂恰当的管控，因此公司的环境氛围轻松和谐，员工的工作效率却不是很高，这样的管理方式会阻碍公司的发展。只有在那些既懂管控又懂疏通，与员工建立起良好融洽关系的同时又能恩威并重的领导者带领下，公司的管理才算是高效的，符合公司发展的，这样的领导者才算是公司的“好管家”。

● 如何修炼管控

1. 领导者要学会制定有效的管控机制。建立科学的人性化的公司规章制度。

2. 把握住时间节点管控，使员工养成事情及时解决、不拖沓的工作作风，这样有利于员工工作效率的提高。

3. 把合适的人放到合适的位置，利用员工不同的优势把他们放到最适合他们的岗位上。既有利于充分发挥人力资源，为公司创造更大的效益，还有利于员工自身的发展。

● 如何修炼梳理

1. 洪水来了堵不是办法，疏往往比堵更有效。企业领导者若想与员工建立良好的关系，建立良好的管理秩序，就要充分尊重人的个性化差异，及时解决矛盾与问题，遇堵先疏。

2. 领导者与员工是平等的关系，在员工面前应当放下领导架子。领导者与员工的关系与公司的命运息息相关，所以领导者平时要尊重爱护员工，与员工形成融洽的互动关系。

3. 完善领导力修炼，增强自己的正能量场。领导者要善于观察体会员工的情绪情感变化，懂得每个人内心的能量走向，拥有使员工的负能量转化为正能量的领导影响力。

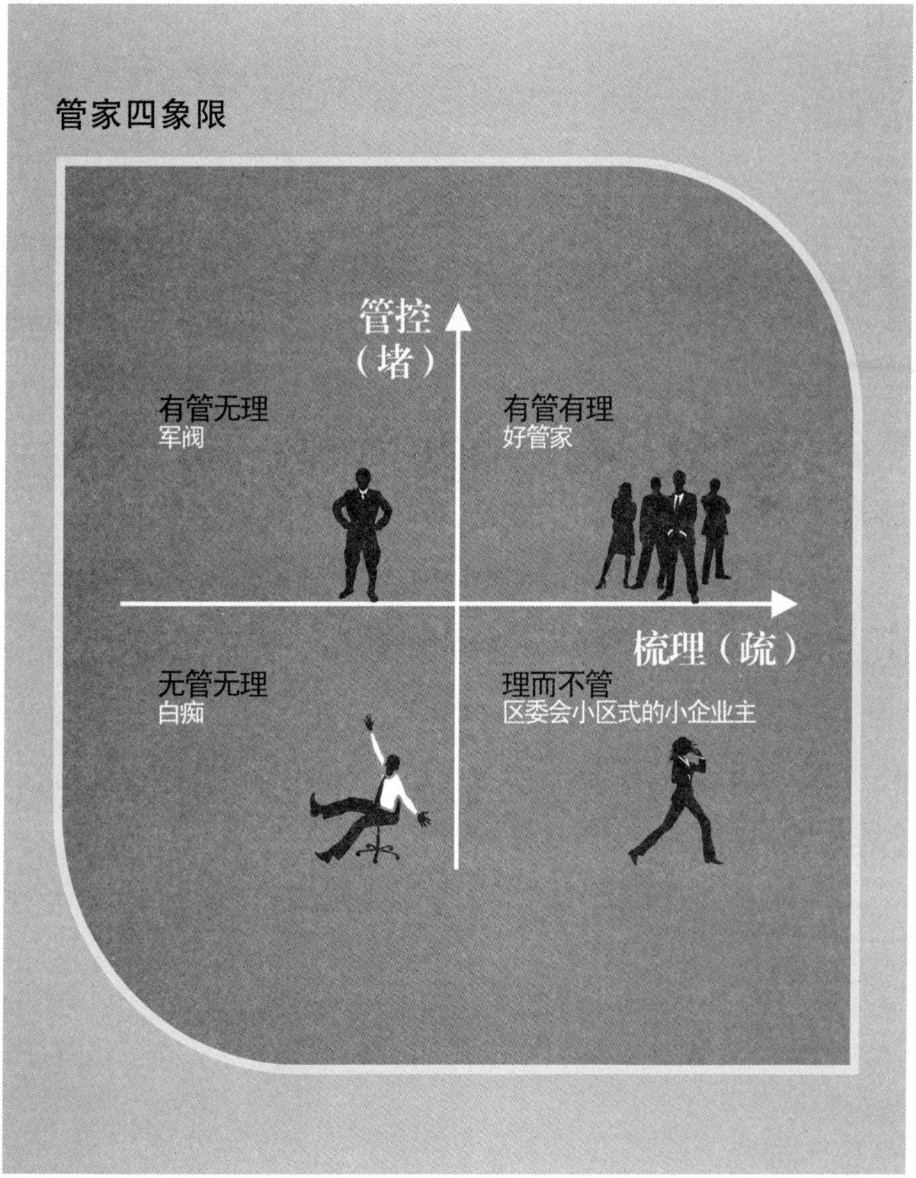

第七章

沟通与距离

1. 沟通与距离的太极智慧
2. 沟通与距离的四象限对号入座
3. 什么是沟通
4. 沟通四象限及修炼
5. 什么是距离
6. 距离四象限及修炼

NO1. 沟通与距离的太极智慧

【故事分享】

韦尔奇在担任通用电气公司总裁期间，把一个历史悠久的工业帝国转变为一个富有活力与发展潜力无限的全球公司的楷模，在他铸就通用传奇的过程中，尊重员工充分授权与有效沟通发挥了重要的作用。韦尔奇尊重每个员工的个人空间。他还会充分授权优秀的员工，给他们更多的职权和自主权。韦尔奇在管理上以“铁腕”著称，因为他推行的是强硬的裁员措施，对于一直表现不佳的员工会毫不手软。但是对于解聘过程，却充分体现了对员工的尊重。韦尔奇在解聘员工之前都会和他们进行深入谈心，给他们改变现状的机会，而不是直接通知离开。如果该员工还是没有改进，他会坚决解聘该员工，同时被解聘的人也不会感到震惊或不可思议。此外，为了使企业员工能更好地沟通，他重组通用电气，构建扁平化结构，并尽全力试图改变整个企业的员工的思想观念和思考模式，希望员工能够勇敢表达反对的意见。他时刻与下属保持着高效的沟通状态，定期地举行聚餐和突击访问，与公司的各个层次的人员进行交谈，并倾听他们的观点和看法。与员工的广泛沟通为韦尔奇作出正确的决策打下了坚定基础。

韦尔奇“铁腕”与“柔情”并存，强硬做法中又蕴含人情味。他给予员工充分自主空间和足够的尊重的同时，还能与他们保持着有效的沟通状态，最终带领通用取得了巨大的成功。一个卓越的企业领导，需要时刻和员工进行沟通，掌握一定的沟通技巧，又要和他们保持一定的距离，这也便是领导力修炼中，沟通与距离的太极智慧。领导者要提高说话技巧，能准确明了地表达自己的想法和观点，学会倾听员工的意见和心声；同时要给员工留够充足的私人空间，尊重他们。只有做到这些，才算是实现了距离与沟通的阴阳平衡。

距离
沟通
沟通为阳：
表达和倾听
距离为阴：
空间和敬畏

NO2. 沟通与距离的四象限对号入座

优秀领导力的修炼，既要时刻和员工进行沟通，掌握一定的沟通技巧，又要在员工中树立威信，和员工保持一定的距离。根据领导者在沟通和保持距离两方面的不同，可以分为以下四种领导。

- A 类型：既不会沟通，又不懂得保持距离

这类领导者既不懂如何沟通，维持与员工的良好的关系，也不懂树立领导者的权威，与员工保持恰当的距离。在这种企业领导者的领导下，公司员工各自为政、人心涣散，没有凝聚力，此外，由于领导者在员工心中没有威信，不受拥护，领导的命令传达下去后，不一定能得到很好的实施；这将会大大影响公司的工作效率。

- B 类型：只会沟通，不懂得保持距离

此类型领导者与员工关系较好，因为善于沟通能笼络人心，在公司里有良好的群众基础。但是由于没有与员工保持适当的距离，在员工面前没有身为领导者的严格和威信，领导者的随和与亲和力很容易变成江湖义气。在这种情况下，领导者易与员工形成酒肉关系，员工很可能会在领导面前是一套，背后做的又是另一套。

- C 类型：只懂得保持距离，不会沟通

这种领导者时刻与员工保持着一定的距离，显得较有威信，给员工留下的是高高在上的老板形象。但由于不懂和员工沟通，与员工的关系很平淡，没有赢得员工的心，员工也不会全心全意为其卖力工作。老板不能与员工建立和谐融洽关系的公司不会迅速成长，是不可能成为大公司的。

- D 类型：既会沟通，又懂得保持距离

这种类型的老板做到了沟通与距离的阴阳平衡，在与员工的关系上拿捏得

较准，既是融洽的朋友关系，又能保持恰当的距离，在员工面前建立起威信。因此，在这种领导者的带领下，企业会走得越来越顺。

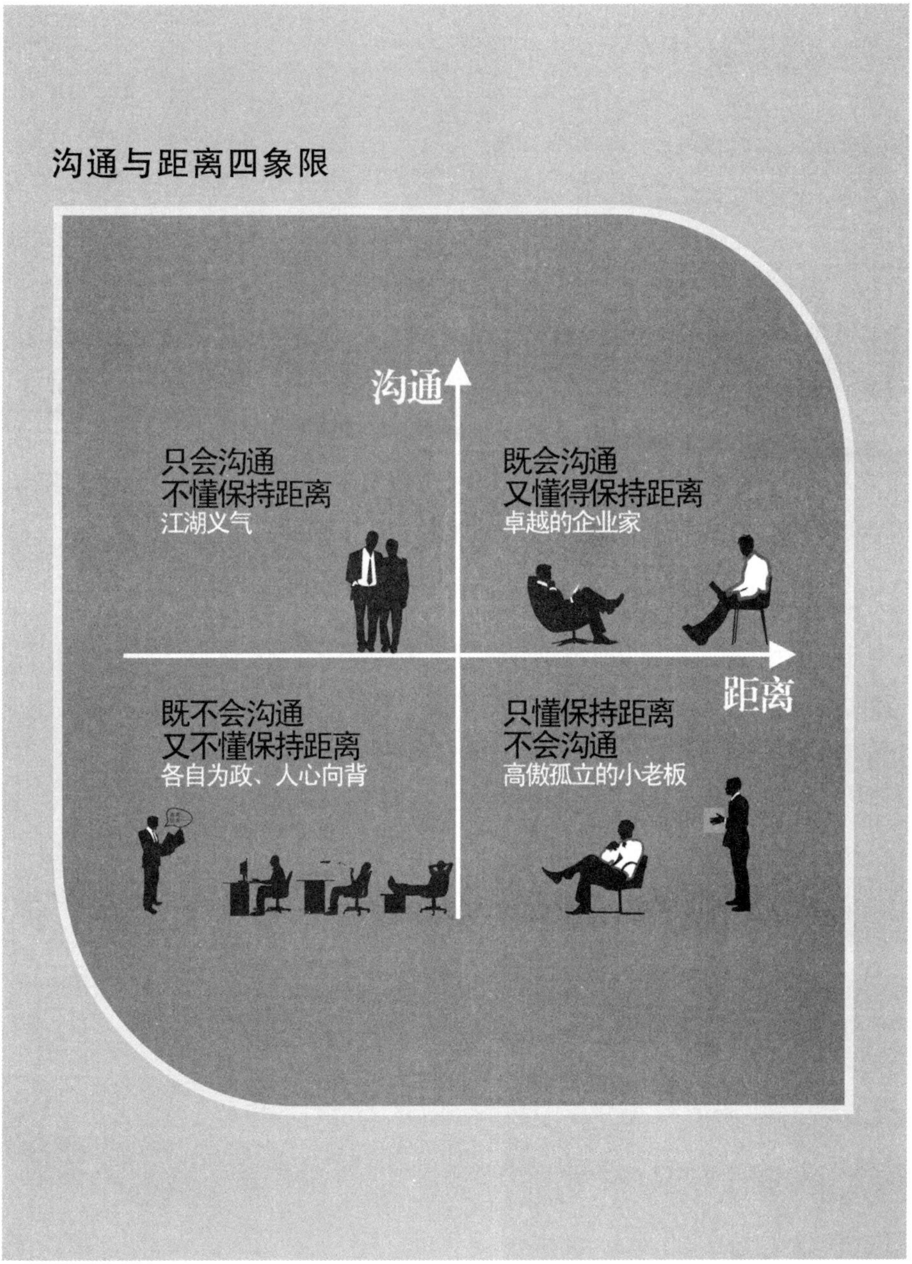

NO3. 什么是沟通

【故事分享】

张成是公司的副总，每天早晨都会给员工开个例会。在例会上，他会总结前一天大家的工作，并对今天的工作提出要求。张成是个天生的演说家，不仅说话富有感染力，能给员工带去朝气和正能量，在与员工沟通中，他还特别注重说话技巧。当员工犯了错误时，张成不是直接指责批评，而是采用员工乐于接受、善于接受的方式，使员工能明白自己错在何处，应该怎样改正。在例会上，张成鼓励员工表达自己的真实观点和建议，当员工发言时，他会认真地倾听并做记录，就员工的发言作中肯的点评。此外，他还会在每天的例会结束时，评出一个说得最好的员工，给予小小的奖励。张成的每日例会给公司创造了良好的沟通氛围，每次例会都能给员工带去正能量和工作斗志。

张成不仅注重说话技巧，善于与员工沟通，还是一个好的倾听者，因此带动了良好的沟通氛围。沟通是两方面的，既要学会表达又要学会倾听。能用合适的方式准确明了地表达我们的价值主张，还要善于倾听他人的真实想法。良好的沟通有利于加强公司凝聚力，这会使领导者和员工在思想上、行动上达成一致，能使工作效率得到很大的提升！

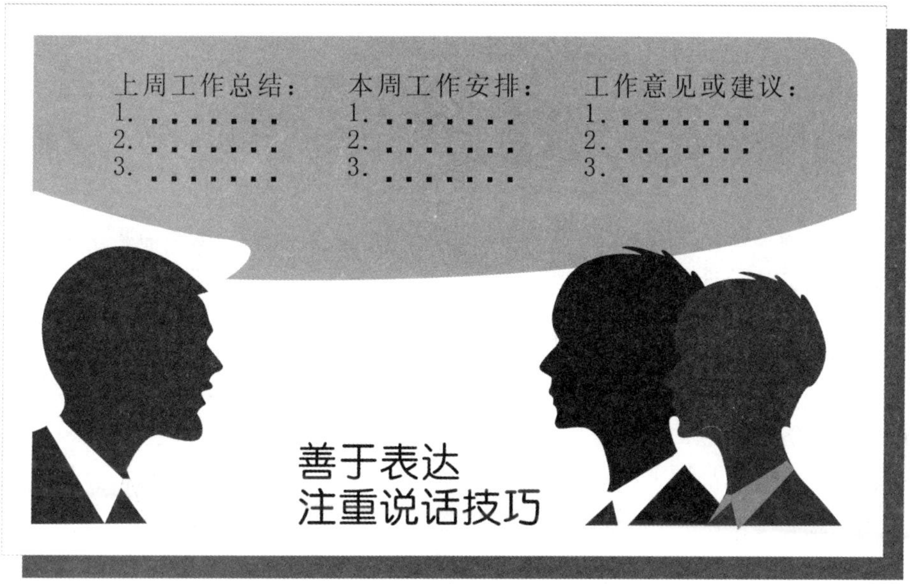
上周工作总结：
1. ....
2. ....
3. ....
本周工作安排：
1. ....
2. ....
3. ....
工作意见或建议：
1. ....
2. ....
3. ....
善于表达
注重说话技巧

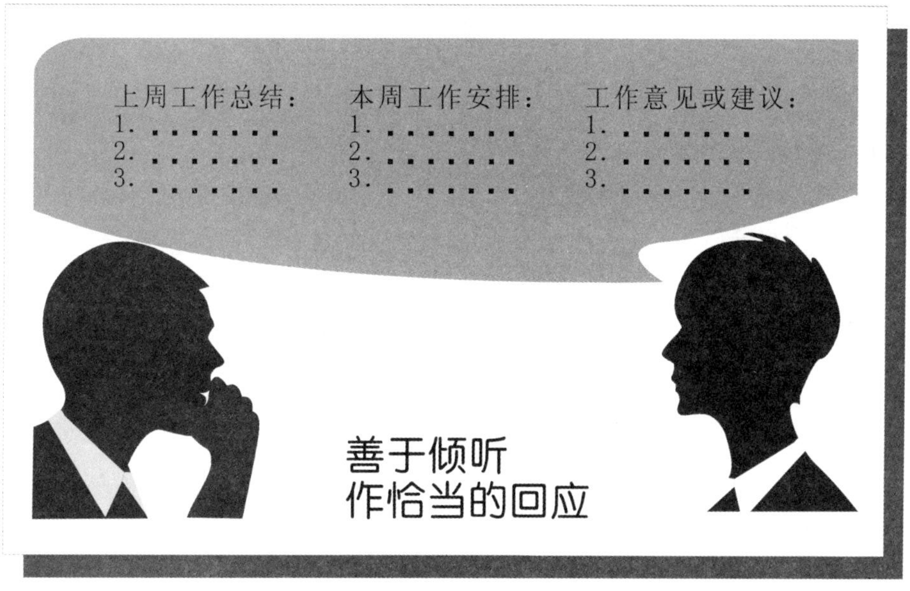
上周工作总结：
1. ....
2. ....
3. ....
本周工作安排：
1. ....
2. ....
3. ....
工作意见或建议：
1. ....
2. ....
3. ....
善于倾听
作恰当的回应

NO4. 沟通四象限及修炼

作为一个领导者，你必须学会与员工沟通的技巧，既能准确向员工传达自己的意思，又必须懂得倾听员工的心声。

既不懂表达也不懂得倾听的领导者是失败的。只会滔滔不绝地表达自己的观点，却不懂得倾听员工的想法和意见的企业领导者不能实现与员工的良好互动。此外，还有的领导者习惯在员工发表个人观点时一言不发，不表达自己的意见和主张，不能对员工作出良好的回应，这种领导者在与员工沟通中更像是扮演着看客的角色，而不是积极的沟通参与者的角色。卓越的企业家，一定能准确地传达自己的观点想法，使员工乐于接受，又善于倾听，维持良好融洽的氛围。领导者在与员工沟通时，可以充分利用“望、闻、问、切”四大法宝。

●望

1. 在与人沟通时要学会察言观色，通过对方的面部表情、肢体动作判断其真实想法；

2. 通过对方的衣着装扮等外在形象判断对方性格，从而对于不同类型的人采取不同的沟通方式，以达到良好效果；

3. 领导者在日常工作时要细心观察，发现员工情绪有波动或工作状态不好时，及时予以疏导，从细微处洞察员工需求。

●闻

1. 领导者在倾听过程中不能表现出不耐烦、厌恶等不良情绪，要有真诚的态度，发自真心地去倾听对方的谈话；

2. 倾听的修炼，需学习做一个好的听众，不打断对方的说话，在适当的时候给对方积极的回应；

3. 在倾听过程中，给员工创设一个适合沟通的友好氛围，用正能量和积极的意念力去感染对方，给员工可信赖感，从而引导员工说出内心真实的想法。

● 问

1. 企业领导者在日常工作中应与员工多交流，多询问员工的意见和想法，以充分了解员工的心声；

2. 领导者应定期召开意见交流会议或与员工进行私人谈话，积极主动询问员工的工作进展和思想动态，同时领导者要学习一些演讲说话技巧，询问相关情况时采取让员工乐于接受的方式；

3. 领导者在询问员工意见和想法时态度要诚恳真诚，不端上级架子，给员工轻松自然的感觉，并对员工的回答作适当的回应，以鼓励引导为主。

● 切

1. 领导者要把员工放在合作伙伴或朋友的位置，明白沟通中没有上下级之分，这是能进行平等自由沟通的前提；

2. 在沟通中多些同理心，站在员工的角度思考问题，学着换位思考，这样会让沟通更顺畅高效，有利于建立与员工的良好关系；

3. 领导者与员工沟通时要直接切中要点简单明了，避免过多套话空话。

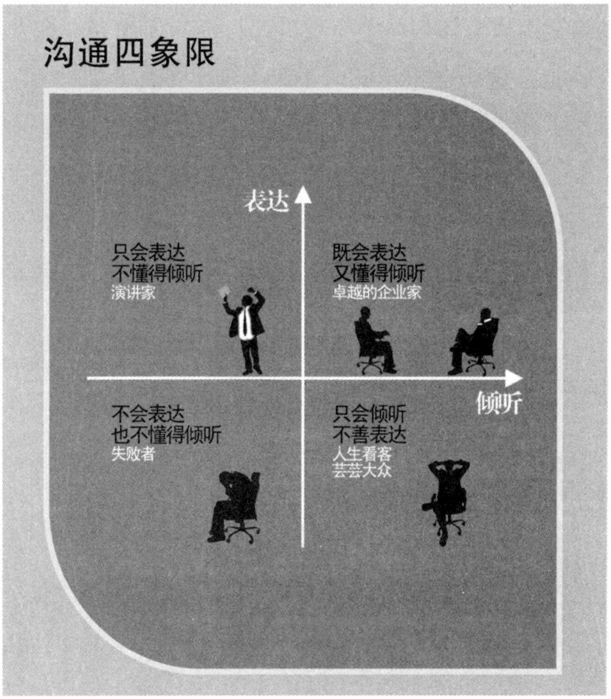

NO5. 什么是距离

【故事分享】

余向前是工厂里一个生产车间的主任，他像一个苛刻的管家一样时刻盯着员工工作时的表现；员工哪怕只是有了一个小失误，都会被他喋喋不休地批评一顿。连员工偶尔接打个电话，他都会在旁边站着，催促员工早点结束谈话；不仅如此，他还不懂得尊重员工，喜欢询问员工的私人生活，惹得员工都很厌烦。有一次小王的女朋友打电话过来，小王刚说了一句话，余向前就走到了他身边，默默听着，不时插两句，并不断对小王说“赶紧挂电话，别耽误工作，你耽误了工作可是要扣钱的”。等小王把电话挂了，余向前开始了一连串刨根挖底地追问：“你女朋友哪里的？多大了？长得漂亮吗？……”小王很无奈，只得极力转移话题。长此以往，余向前给员工留下了极差的印象，与员工的关系也不是很和谐，员工的工作热情都不是很高。

敬畏与空间是距离修炼的两个重要方面，余向前作为一个管理者，却不懂得如何与员工沟通。他不尊重员工，不仅干涉员工的私人空间，还苛刻古板，对员工总是指责批评，他的这些行为严重打击了员工的积极性，会使员工工作效率低下。企业领导者在和员工进行沟通、交流和日常管理的过程中，要保持一定的距离，达到若即若离的感觉；对员工怀敬畏之心，尊重每一位员工，并和员工保持适当的距离，给员工留够充足的私人空间。

亲爱的,晚上去哪吃饭啊？我一会就下班了……
赶紧挂电话，别耽误工作，
你耽误了工作可是要扣钱的……
管理者一定要给员工足够的尊重和空间。

NO6. 距离四象限及修炼

距离的修炼，要做到敬畏和空间两方面的平衡。要在尊重员工的同时，与员工保持一定的距离，给员工充足的私人空间。

不懂敬畏员工，也不懂给员工留空间的企业领导者是失败的；只一味敬畏员工却不会与员工保持距离的领导者也不会取得太大成功，因为他总是一副仁慈的形象，不能在员工中树立起应有的威信。而有些领导者高高在上，经常干涉员工的私人空间；这样的领导者妄自尊大，不受员工欢迎，注定在公司中孤立无援。既懂敬畏员工又能与员工保持距离，尊重员工的私人空间的领导者才是受欢迎受拥戴的领导者。

● 如何修炼“敬畏”

1. 敬畏你的事业，把事业当成体现人生价值的途径，用端正的工作态度和积极勤奋的努力去赢得事业的辉煌；

2. 敬畏你的员工，积极与员工沟通，尊重关爱员工，和员工共同发展；

3. 敬畏你的家人，承担起对家人的责任，为家人撑起一个能躲风避雨的温暖港湾。

● 如何修炼“空间”

1. 在日常工作中多鼓励尊重员工，用自己的真诚去感染每一个员工，使他们时时刻刻感受到你的支持与鼓励；

2. 给员工充足的私人空间，与员工保持一定的距离，懂得若即若离才是美；

3. 领导者要加强自我的修炼，提升自身的价值，树立一个积极的领导者形象，同时建立起应有的威信。

距离四象限

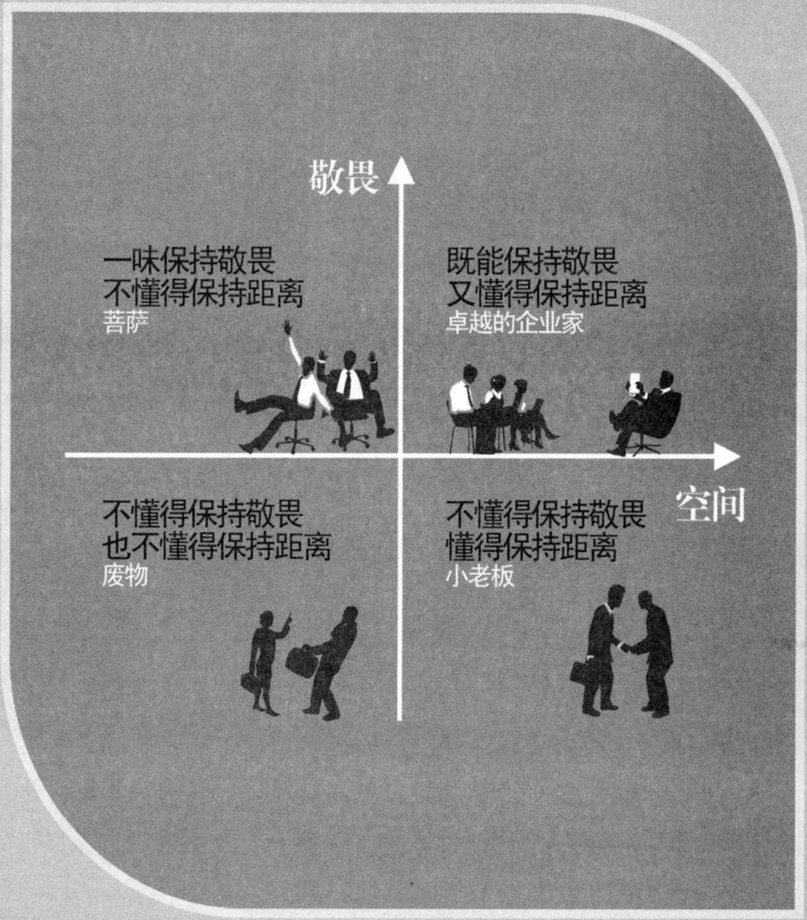
敬畏
空间
一味保持敬畏
不懂得保持距离
菩萨
既能保持敬畏
又懂得保持距离
卓越的企业家
不懂得保持敬畏
也不懂得保持距离
废物
不懂得保持敬畏
懂得保持距离
小老板

第八章

信任与存疑

1. 信任与存疑的太极智慧
2. 信任与存疑的四象限对号入座
3. 什么是信任
4. 信任四象限及修炼
5. 什么是存疑
6. 存疑四象限及修炼

NO1. 信任与存疑的太极智慧

【故事分享】

窦志强是某公司的老总，他的公司里人才济济，个个工作干劲十足。他常常说自己的公司能有今天的成就全是靠着高明的用人之道。其实他的用人秘诀很简单，就是给员工充分的信赖。他尊重每一位员工，并信任他们。只要他看准的人才，就会加以任用扶持，并下放一定的权限给他们，让他们放开手脚尽情地发挥潜能。他经常对员工说的一句话就是“我相信你，你就大胆地去干吧”。窦志强的信任不仅激发了员工的斗志和热情，还使员工产生了强烈的责任感和决心，所以员工经常能高标准完成工作任务。充分信任的同时，窦志强也没放松对员工的监督，他还制定了一套十分科学的监督体系，定期对员工的工作进行考核，并帮助他们从问题中总结经验，不断进步。

窦志强在对员工信任的同时也没放松对员工的监督和指导，实现了信任和质疑两方面的平衡。信任并不代表着放任自由，完全不管不问，适当地监督会更有利于员工工作的发挥。信任与存疑并不是相互矛盾的，在企业领导中，只有把这两者很好地结合起来，实现信赖和任用、检查和纠错的平衡，才算是优秀的领导者。

存疑
信任
信任为阳：
信赖和任用
存疑为阴：
检查和纠错
任用书
考核表

NO2. 信任与存疑的四象限对号入座

领导者要给员工充分的信任，但信任并不是完全的不管不问；在信任的基础上，需要保留存疑的余地。根据信任与存疑的不同情况，可以把领导者分为四种。

- A 类型：既不信任，也不存疑

此类型领导者不信任员工，也没有建立起完整的监督制度能对员工的工作进度和效果进行定期检查与考核。由于领导者没有威信和影响力，执行力弱，企业里便形成了不闻不问、自由散漫的工作环境。此类型领导者形同虚设。

- B 类型：一味信任，不存疑

这种领导者对员工完全信任，对很多事都放任不管，完全交给员工去办；因为没有一套严谨的考核系统能对员工的工作效果进行检查与评估，所以会导致领导者弄不清公司所面临的问题和员工的工作效率。这种只论人情却不严格按规章制度行事的作风是典型的家族式企业的小老板作风，这是一种无原则的信任。

- C 类型：只是存疑，不信任

此类型领导者对员工完全不信任，经常对员工的工作成果进行检查和纠错。这种领导者对员工的管理十分严格，什么事都不敢让员工放手去做，生怕员工会出一丝纰漏。不给员工恰当的权力会束缚员工的手脚，影响公司的发展潜力，所以这样的领导者不会有太大成就。

- D 类型：既信任，又存疑

既给员工充分的信任，让员工尽情地发挥自己的潜力，贡献自己的力量，同时又进行定期监督和考核，给员工一种压力和束缚力，让员工检视自己的工作效果，能做好这两方面的领导者才是优秀的领导者。

信任与存疑四象限

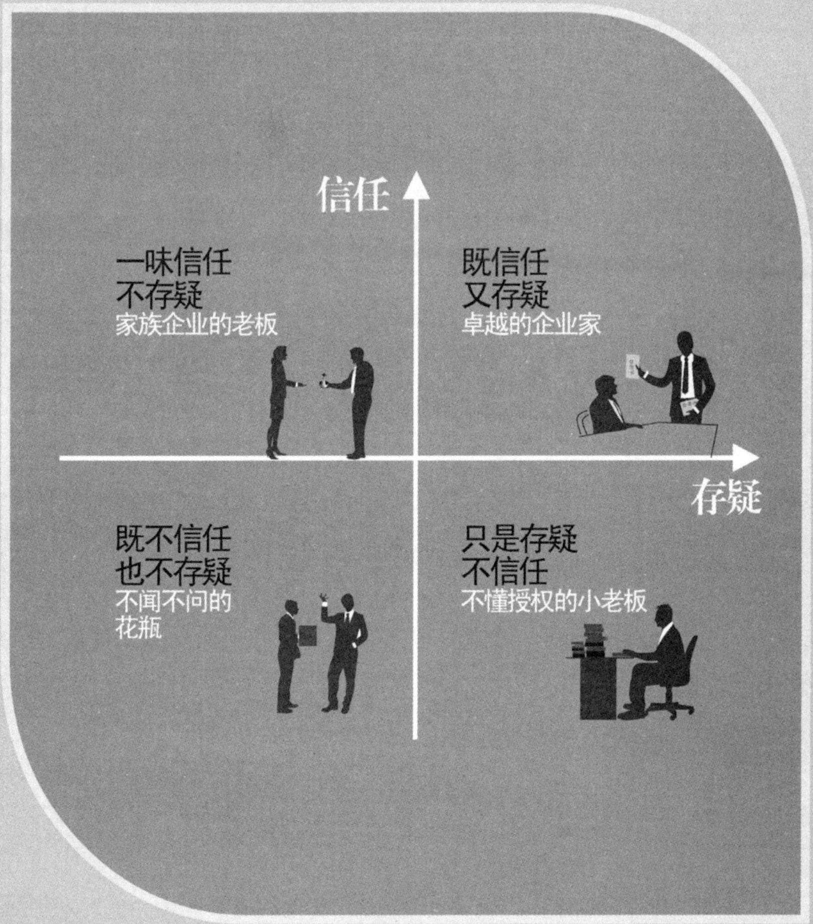
信任
一味信任
不存疑
家族企业的老板
既信任
又存疑
卓越的企业家
存疑
既不信任
也不存疑
不闻不问的
花瓶
只是存疑
不信任
不懂授权的小老板

NO3. 什么是信任

【故事分享】

王康勤是某公司的副总，平时与员工关系较好，因为他既给员工充分的信任，又能奖惩分明，对表现出色者加以提拔。有一次公司进行人事改革，要从基层技术员工中选出一名优秀的技术员担任生产部经理。经过慎重考虑后王康勤觉得小刘是最合适的人选，便把小刘叫进了办公室。他对小刘说：“公司现在内部选聘生产部经理，你是最合适的人选，我把你叫来，想听听你的意见。”小刘说：“虽然公司有很多资历比我老的人，但以我的技术水平和工作能力，我觉得我能胜任这个工作。”王康勤点点头，说：“你虽然在公司的时间不长，但你的能力和工作态度是大家有目共睹的。我相信你会做好的，我不会看错人。”小刘听了，充满了自信和动力。在当上生产部经理后，为了不辜负王康勤的信任，小刘更是兢兢业业，带领生产部的员工为公司创造了更好的效益。

王康勤充分做到了对员工的信任，他对优秀员工加以重用，并给予员工充分的肯定和鼓励，从而激发了员工的工作斗志和热情。信任就是企业领导者对员工的信赖和任用，对所信赖的员工的重用不仅有利于巩固领导者与员工的关系，还有利于充分发挥员工优势，使他们变成公司的顶梁柱，让他们为公司的发展作出更多贡献。

你是最合适的人选，
我相信你能做好，
我不会看错人！
我觉得我能胜任这个工作！

NO4. 信任四象限及修炼

在领导力修炼中，信任包括两个方面：信赖和任用；信赖员工的同时，又要对表现出色的员工加以重用。

有些领导者对员工不信赖，也不懂提拔优秀的员工，这种既不能给员工信赖感又不能带给员工加薪升职等实惠的领导者其实是在浪费员工的精力和时间，误人子弟。如果只是对员工表达口头上的信赖，实际却没有加以重用，那么这种信赖只是流于表面，沦为空谈。俗话说“疑人不用”，有的领导者明明不信赖某个员工，却对他加以任用，这种领导者属于不会用人。给员工充分的信任，对信赖的员工加以任用，这样的领导者才是成功的领导者。

● 如何修炼信赖

1. 与员工沟通时带着一颗真诚的心，心怀真诚是良好的人际交往的基础；当员工感受到你真诚时才会有被信赖的感觉；

2. 多引导员工表达自己内心的真实想法，交流时少一些试探性的言语；

3. 信赖员工就是要信其言行，对员工作出的承诺一定要实现。

● 如何修炼任用

1. 敢于放权给自己信任的员工，这样有利于他们充分发挥自己的聪明才智。

2. 你的授权幅度有多大，你的事业就会做多大；知人善任，让信赖的员工成为你的左膀右臂。

3. 做人懂得出位，企业领导者必须要懂得出局；在恰当的时候主动让贤也是一种智慧，会让企业发展得更好更强。

信任四象限

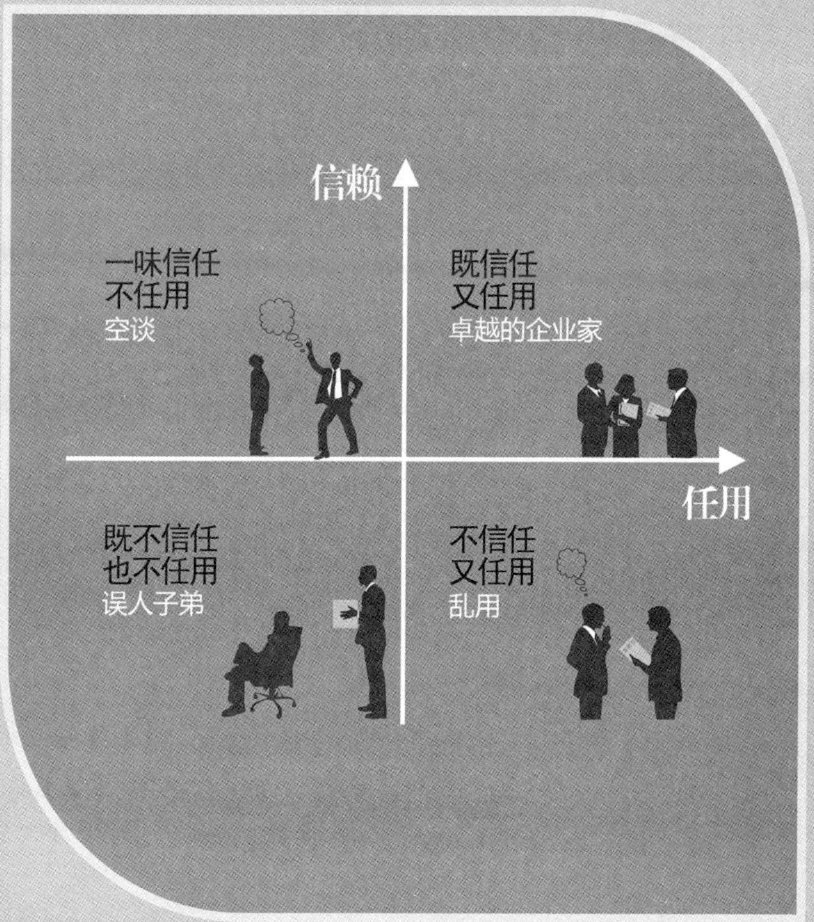

NO5. 什么是存疑

【故事分享】

秦涛经营着一家小商贸公司，每个周五的下午，他都会放下手里的工作，亲自检查员工一周的工作结果，如果发现有什么问题，他会及时帮助员工纠正。对于他信赖的员工，他的检查要求更是严格。小高是他最器重的员工之一，有一天，当他拿起小高的工作进程总结表查看时，突然发现了一个问题。

“这周你的客户要求调货的事情为什么还没处理好？”秦涛问。

“这个客户太难缠了，我已经给他调了一批货过去，他还是不满意。”小高回答。

“没有难缠的客户，只能说还是你的工作没做到位。对待客户需要有耐心，再去给他调一批货，跟他好好交流一下，注意跟客户沟通时，你的态度好一点。”秦涛郑重地对小高说。在秦涛的指点下，小高认识到了自己的不足，通过不断耐心地与客户沟通，最终得到了客户的肯定。

秦涛不仅检查员工的工作成果，了解员工的工作进展，还能发现员工工作中的问题，给予中肯的指导。这也是一个纠正的过程，使员工认识到错误并改正，从而促进他们能力的提升。领导者需要对员工保持着存疑的态度，存疑并不是单纯的怀疑，而是对信任的员工的一种监督行为。检查能增强员工的自觉性，使他们保质保量完成任务；纠错能让领导者在检查的过程中发现问题及其根源，并敦促员工改正，所以每一次的纠错也是对员工的提升。领导者适当地保留存疑态度，会使员工提高工作效率，并有利于他们的发展。

这个客户太难缠了！
没有难缠的客户，只能说还是你的工作没做到位。对待客户需要有耐心，再去给他调一批货，跟他好好交流一下，注意跟客户沟通时，你的态度好一点……
工作表
领导者要有存疑态度，
检查员工的工作并纠正他们的错误。

NO6. 存疑四象限及修炼

做个好领导需要保留适当的存疑余地。存疑包括两个方面：检查和纠错。既不检查也不纠错的领导者属于不作为，是对企业的不负责任；有些领导者每天工作的重点就是检查员工的工作，这种领导者时刻保持着对员工的监督状态，却不会纠正员工的错误，就像一个刻板的监工。每天不检查只知道纠错，注定只能成为小老板。只有既检查又知道纠正员工错误的领导者才是负责任的领导者，这样才算是对员工和企业尽职尽责。

● 如何修炼检查

1. 增强员工自我检查意识。

监督员工做好三每三对照工作（每人、每天、每件事；对照目标、对照过程、对照结果），给员工适当的压力，促进他们的自我监督和检视；

2. 员工只做领导检查的事情。

建立晨午夕会检查制度，对员工实行有效而又张弛有度的监督；定时对员工进行检查，并对每个员工的工作结果作个简短的总结；

3. 越相信谁越检查谁。

领导者对信任的员工更要加强监督，对他们加大检查力度，这会促使他们做得更好，成长得更快。

● 如何修炼纠错

1. 修炼结果思维模式，在明确结果的基础上将目标分解并细化，找出现状与目标的差距后进行改进和优化。

2. 领导者要加强自己的分辨能力，明辨是非，不能仅仅根据一面之词就作出判断。要用理性思维对事情进行分析，作出正确客观的判断。准确地判断员工问题是纠正他们错误的前提。

3. 领导者要修炼公平的心态，对员工的错误一视同仁，不能搞差异对待；这样才有利于纠错过程的顺利进行，保证纠错的效果。

存疑四象限

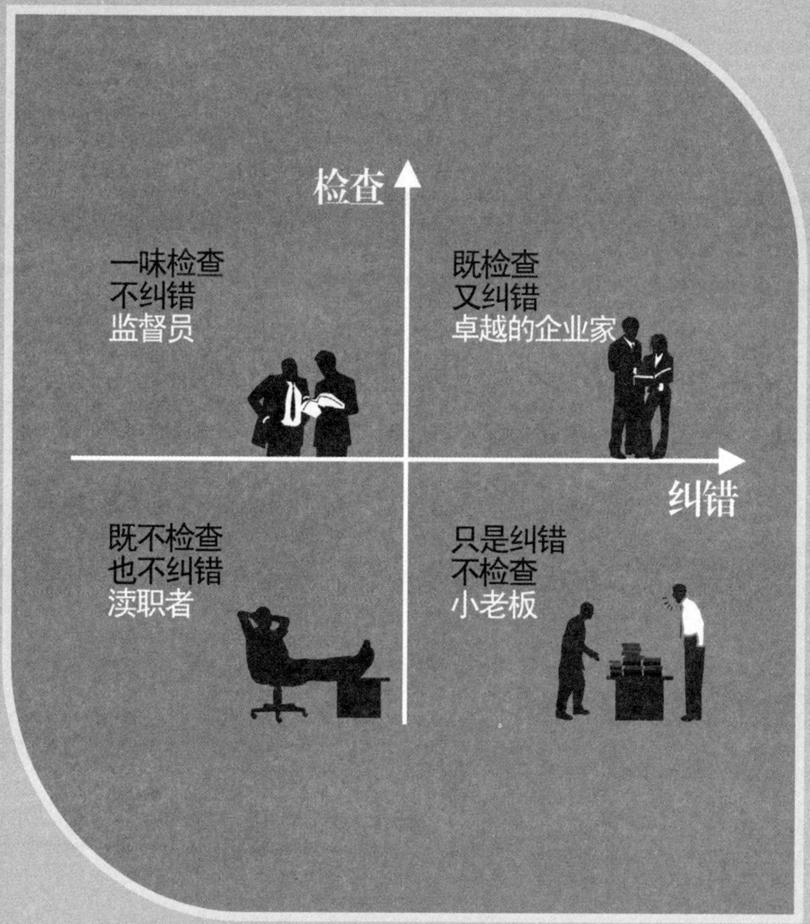

第九章

机制与人情

1. 机制与人情的太极智慧
2. 机制与人情的四象限对号入座
3. 什么是机制
4. 机制四象限及修炼
5. 什么是人情
6. 人情四象限及修炼

NO1. 机制与人情的太极智慧

【故事分享】

胡超颖是某公司的部门经理，因为性格热情开朗，平常也懂得关心体贴员工，从来不在员工面前摆领导架子，所以深受员工欢迎，和员工的关系很融洽。尽管如此，当员工犯了错误，违反了公司的规章制度时，她也会铁面无私地进行批评。有一天下午，小辉带着一身酒气，气喘吁吁地来到了公司。胡超颖见状，严肃地对他说："公司有明文规定，上班期间是不能喝酒的，你怎么明知故犯？"

小辉说："中午朋友来找我，就跟他出去喝了些酒。"

胡超颖说："按照规定，你要打扫一个星期的卫生，并取消这个月的评优资格。"

"何必那么较真呢，大家都是朋友，这事就算了吧。"小辉笑嘻嘻地说。

"虽然我们关系比较好，但是制度还是要遵守。如果我不对你进行处罚，会给公司带来极坏的影响，以后还怎么去管理别人。"胡超颖一脸凝重。

最终小辉心悦诚服地接受了处罚，胡超颖在员工中的影响力也越来越大。在她的领导下，公司的人际关系一直很和谐。

胡超颖在日常工作中与员工建立了良好的关系，但当员工犯错时，她还会严格按照公司规章制度进行处理。作为一个智慧的企业领导者，我们要处理好人情与机制的关系，既要与员工建立良好的关系，进行人性化管理，还要讲究原则，要懂得用机制来管理公司。修炼卓越领导力，需要平衡机制与人情的阴阳智慧，实现机制与人情的统一，从而能使公司保持良好的有序化的发展。

人情
机制
机制为阳：
时机和制度
人情为阴：
宽容和分寸

NO2. 机制与人情的四象限对号入座

优秀的企业领导者不仅要实行规范化管理，还要在机制管理的基础上讲究人性化，从而做到机制与人情的平衡。根据机制与人情处理方面的不同，可以分为以下四种领导者。

● A 类型：既不讲人情，也不定机制的

此类型领导者刻板严厉不讲人情世故，平常对待员工冷冰冰的，没有身为领导者宽容体贴的胸怀。因为缺少人情味，所以与员工关系不融洽。此外，由于没有在公司中建立起一套严密的组织管理机制，员工缺乏有效的监督和行为规范，影响了公司的正常运作。这种既不得人心，也没有良好的统筹管理的领导者是独裁统治的失败者。

● B 类型：靠机制管理，不讲人情的

此类型领导者往往有一套庞大而又细致的管理模式，在这种模式里，有对细节的严格规范，公司的一切大小事务都要完全按照规定来进行。一些大的跨国企业用的就是这种严格机制的管理模式。这种完全依靠机制管理，不讲任何人情的企业如果能做大做强，会成为完全走向制度化管理的大企业。

● C 类型：只讲人情，不定机制的

有些领导者管理时不讲机制，行为做事没有严密的机制可循，只依靠自己的想法和感觉行事。这种依靠人情关系的主观管理者，不会带领企业做大做强，只能成为小老板。

● D 类型：既靠机制管理，又讲人情的

此类型领导者靠机制管理公司，能带领公司走上规范化的正轨。但与此同时，又不是刻板地死守规矩，而是能根据事实情况进行调整，在适当的时候懂得变通。这种严格按机制行事又有灵活的调整余地的管理模式不仅能使公司的运行高效化有序化，还能给员工创造充满人性化的工作氛围，从而使员工获得归属感，有利于企业的健康发展。

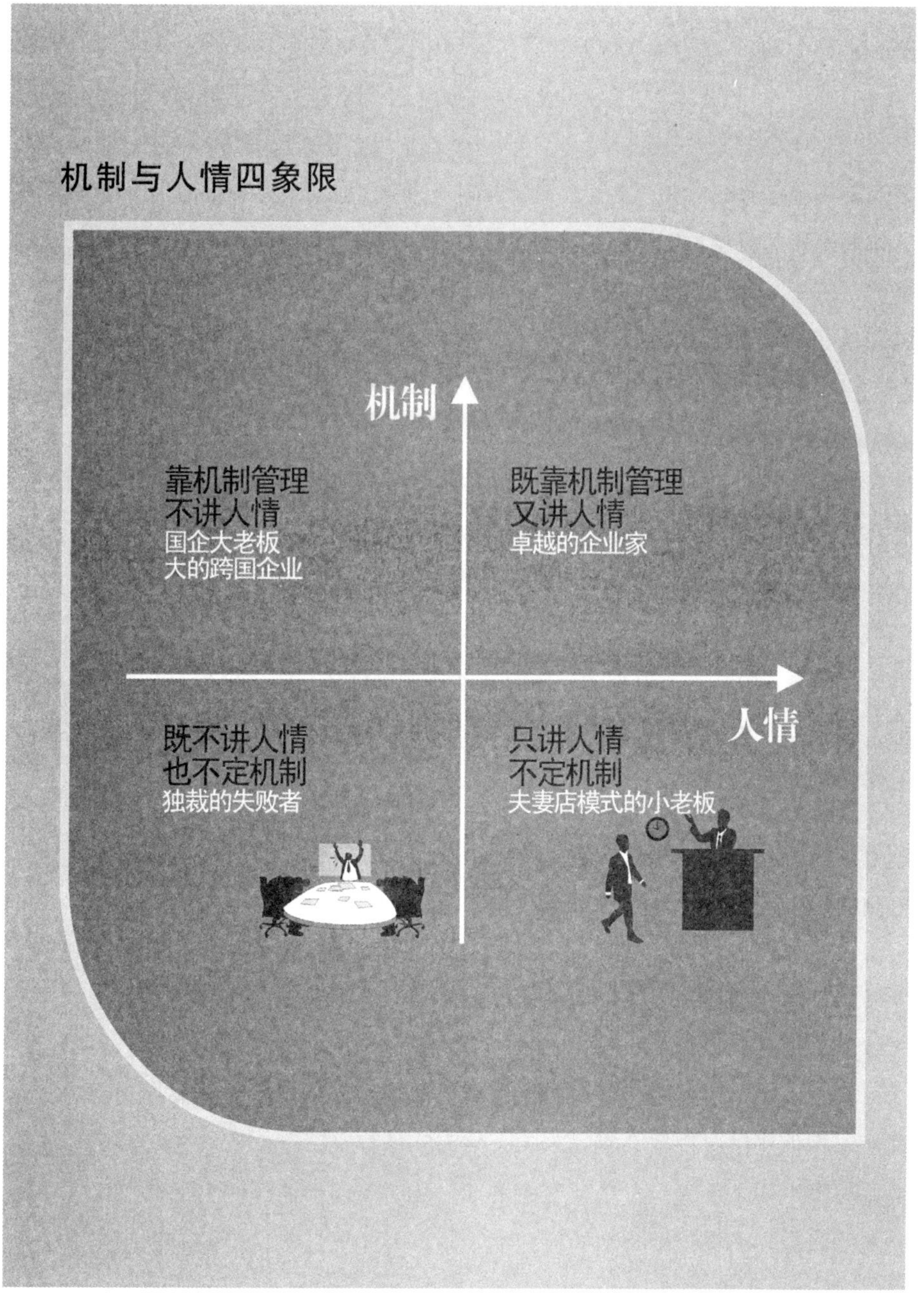

NO3. 什么是机制

【故事分享】

吴乾坤在上海经营着一家小宾馆。在上海世博会开幕之前，他觉得这是发展事业千载难逢的好机会，立志要趁此机会大展身手。经过深思熟虑后，他制定了宾馆的发展机制和具体的实施步骤。他认为作为服务业，最重要的是工作人员的素质，因此它的发展机制以人事管理制度为主，对每个职位的职责、义务及工作流程都有详细的规定。

他的表弟刘豪也在宾馆里工作，由于服务态度不好，脾气暴躁，经常与客人发生摩擦，吴乾坤与刘豪说过很多次，可是他还是依旧我行我素。有一天吴乾坤刚进宾馆时就听到大厅里一片吵嚷之声，原来是因为刘豪服务态度不好，客人抱怨了两句，刘豪立马火气就上来了，与客人发生了口角。吴乾坤见状，连忙真诚地给客人赔礼道歉，在他的安抚下，客人的情绪平复了下来。事后，吴乾坤严厉批评了刘豪，坚决要辞退他。吴乾坤的父母和亲戚知道后，纷纷劝他都是自家亲戚何必那么较真。吴乾坤耐心地与父母亲戚说道理，告诉他们自己是按机制办事，公司的良好发展不能只顾人情。同时，他还与刘豪进行深入交谈，让他明白了按制度办事、守规矩对于职场人员的重要性。

吴乾坤对刘豪这件事情的处理让员工们看到了他是严格按照规则办事、讲机制的一个人，因此工作时再不敢掉以轻心。他们的精神面貌也都有了很大的改观，业务素养与服务质量明显提高。世博会期间，他的宾馆里每天都爆满。舒适的环境、较高的服务水平获得了中外游客的好评，为他的宾馆赢得了一批忠实“粉丝”，使他实现了名利双收。

吴乾坤看到了世博会带来的良好机遇，于是积极制定发展规划和措施，在日常工作中严格按机制办事，不因人情而降低要求，树立起了领导权威，使员工在工作中认真负责，提高了服务水平，从而利用世博会的大好时机实现了事业的发展。公司在每段时期的目标都不同，因此要针对特定的时期制定相关规定、步骤、措施等制度；一旦制定了政策就要按规定办事，做事讲机制，这是公司能顺利发展的保障。卓越的领导者需要有一套行之有效的机制并善于抓住时机，这样才能获得成功，实现事业的腾飞。

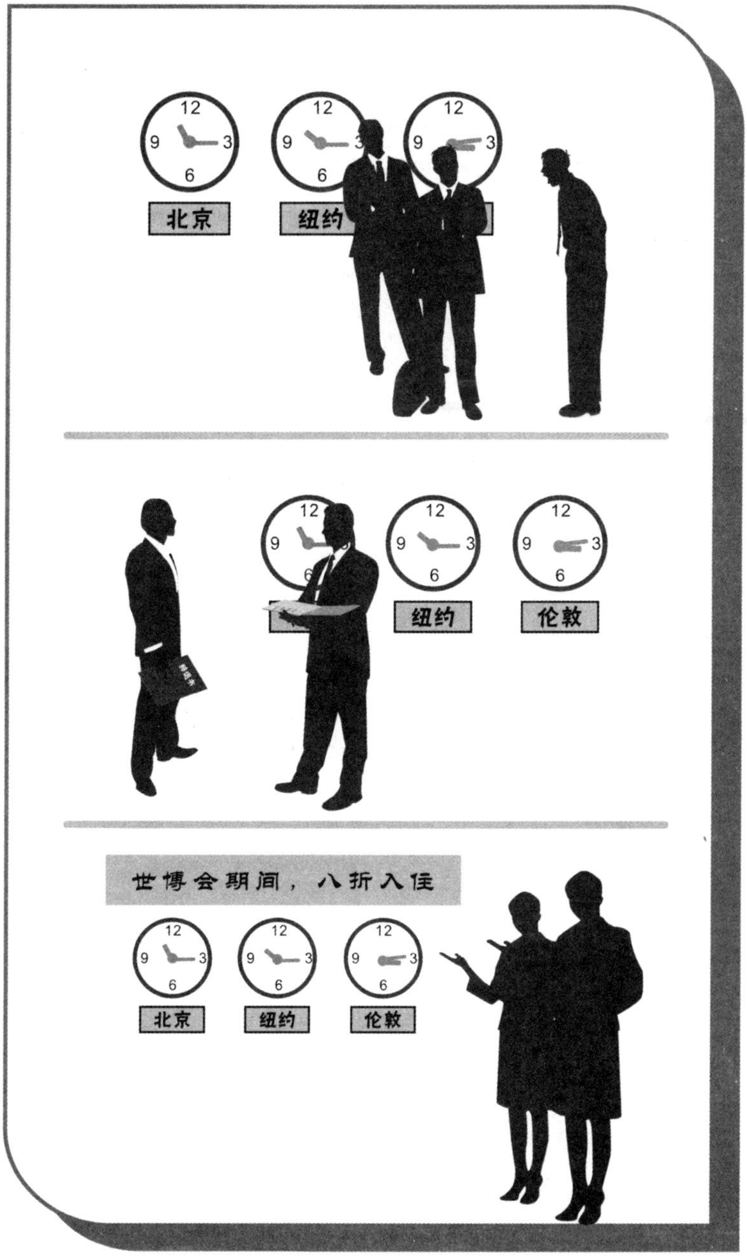

NO4. 机制四象限及修炼

完美机制的运行需要时机和制度两方面的配合。既不能建立一套完善的制度又不能善于抓住时机的领导者是失败的；而抓住了时机，大好的机会摆在面前，却没有一套良好的制度去指挥行动，等于白白浪费了好时机。良好的合适的制度，如果其应用的时机不对，不能与现阶段的情况吻合，那么在当前环境下便不能充分发挥其优越性，同样不能带来良好的效果。再好的制度，时机不对，就等于白费力。卓越的企业家能在把握良好时机的基础上充分发挥制度的优越性，从而在完善的制度的指导下，实现工作目标。

● 如何修炼时机

1. 首先，要有清晰的目标，能对事情的规划和方法了然于胸；要明白你想要的成功是什么样的，这样才能分清什么时候是你的好时机。做好了前期的准备，才是主动赢取机会的状态，而不是被动地等待。

2. 善于抓住机会，加强自我修炼。增强自己的正能量场，修炼意念力，当你有强大的驾驭机会的能力并充分利用了这个机会，才算是真正的成功。

3. 资源条件不充分时，学会创造机会。主动出击远比被动等待成功概率要大得多，能不断创造机会的领导者才是卓越的领导者。

● 如何修炼制度

1. 好的制度应建立在对现阶段客观认识的基础上，要适合企业的实际情况，符合企业发展规律。

2. 营造全员机制思维场，在管理中要先定机制，遇到问题时，依据机制处理。建立正能量机制，激发组织全体人员的正向思维，使团队力量更加强大，把公司打造成一个强大的正能量场。此外，要倡导以鼓励和激发为核心的企业文化，增强员工正向的情感。

3. 倡导全员生发机制。公司要创设一个适合全员生发机制的环境，制定一套能生发的机制，不能错位来定机制。遇到事情后，根据制度想办法，让解决方案有章可循。

机制四象限

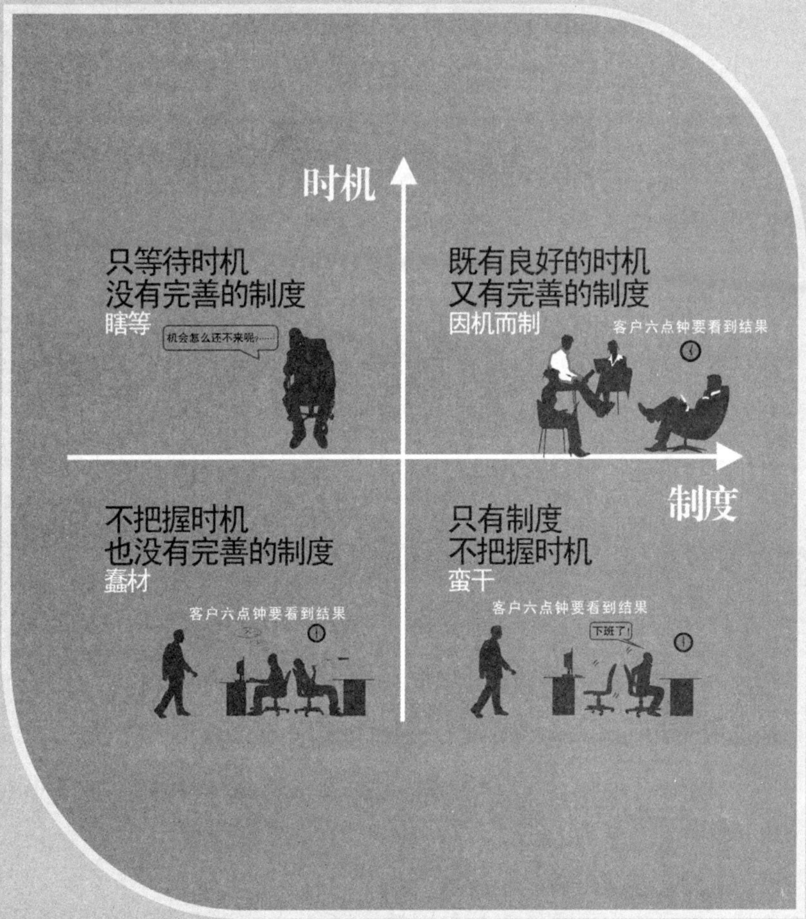
时机
只等待时机
没有完善的制度
瞎等
机会怎么还不来呢……
既有良好的时机
又有完善的制度
因机而制
客户六点钟要看到结果
制度
不把握时机
也没有完善的制度
蠢材
客户六点钟要看到结果
只有制度
不把握时机
蛮干
客户六点钟要看到结果
下班了!

NO5. 什么是人情

【故事分享】

王经理是某公司的质检经理，公司所有的产品最后都要他过目作决定。一旦发现不合格产品，他就要找到相关责任人，不仅要求其返工重做，还会扣除该员工相应比例的绩效工资。王经理平常工作时尽职尽责，每天都会在公司里巡查，发现员工的问题时会及时纠正。一天，他在巡视过程中，发现小刘做的一批产品的外观有很大缺陷，明显与设计图不符。他便严肃地对小刘说："你这批产品怎么不按照设计图做？全部拿回去重做！客户不满意你能负责吗？"

小刘看了看设计图，也发现了自己的问题所在，低声说："我之前把产品尺寸看错了。"

王经理看见小刘一脸的慌张，舒缓了语气对他说："别急，谁都会有出错的时候，你赶紧拿回去重新修改。下个星期就要向客户交货了，我估计你的时间会很紧。这样吧，我去跟客户联系一下，多争取两天时间。以后你在工作中要仔细一些了。"

听了王经理的一席话，小刘舒了口气，便立即投入了高效的工作状态。最终这批产品获得了客户的认可。

王经理在面对小刘的差错时没有一味地指责批评，揪着小刘的错误不放，而是积极寻求问题的解决方法。作为一个领导者，王经理处理问题的分寸拿捏得当，他充分为员工着想，严格要求的同时又能对员工的错误采取宽容的态度，充满着人情味。既让员工吸取了教训，又使员工心悦诚服地接受意见。领导者在管理时应该既严厉又温和，修炼宽容心态的同时还要注意把握事情处理的分寸，努力成为在员工中有威信且充满人情味的领导。

全部拿回去重做!
我去跟客户联系一下,
尽量推迟两天,
你以后在工作中要仔细了。
我之前把尺寸看错了……
设计图

NO6. 人情四象限及修炼

优秀的领导者既要有一颗宽容的心，也能把握人情的分寸。对员工极其苛刻，员工一有错误就揪着不放的领导者把握不住分寸，没有宽容之心，会给员工留下不近人情的感觉。有些领导者胸怀很宽广，能包容员工的错误，但如果只是一味地宽容便会造成纵容，领导者的威信便会下降，对公司的发展造成不利影响。如果领导者管理时过于死板，讲究分寸，处理什么事情都是一板一眼，不近人情，不能包容员工的过错，这样的领导者是冷血无情的。只有把握好宽容与分寸的关系，才算是人情修炼的成功。

● 如何修炼宽容

1. 为人领导者，要有一颗宽容的心，能包容接纳员工的不完美；

2. 领导者要善于发现员工的长处，欣赏每一个员工，充分发挥员工的优势和长处，最终促进员工的进步；

3. 领导者想宽容待人，要多向有包容心的人请教，从他人身上学习优点和长处，修炼自己的宽广胸襟，从而促进自我的提升。

● 如何修炼分寸

1. 领导者管理时要注意把握好一个度，处理问题时不偏不倚，把握好人情关系的“度”；

2. 把握好分寸需要修炼自我拿捏尺度，凡事不多一分，不少一分，让事情处理得恰到好处；

3. 多向办事有分寸的人学习为人处世的技巧。

人情四象限

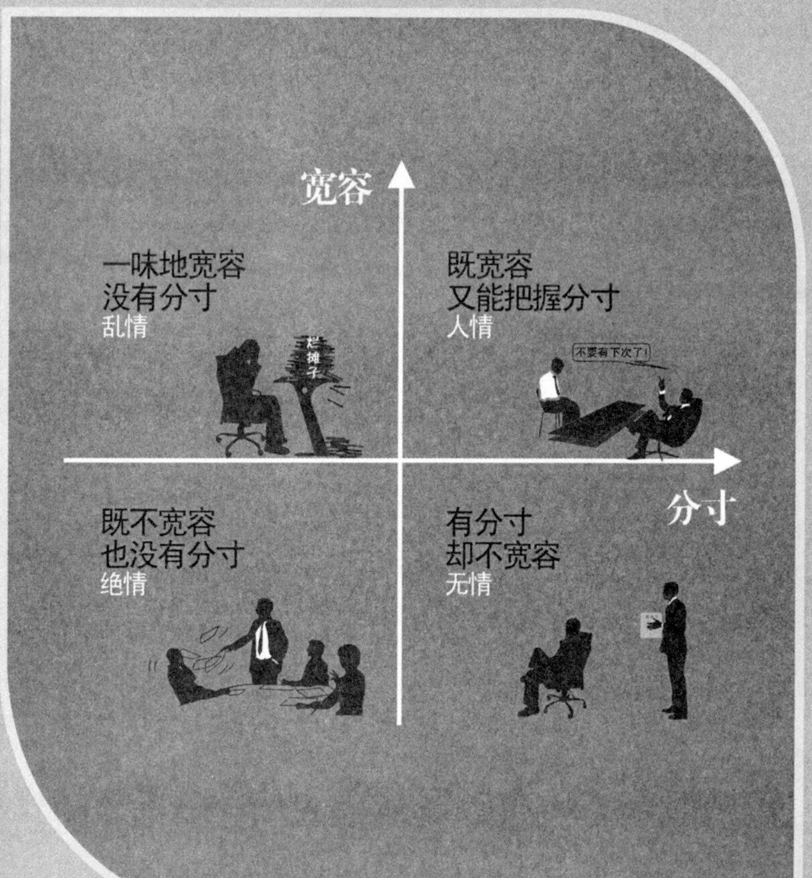
宽容
分寸
一味地宽容
没有分寸
乱情
烂摊子
既宽容
又能把握分寸
人情
不要有下次了！
既不宽容
也没有分寸
绝情
有分寸
却不宽容
无情

第十章

天使与魔鬼

1. 天使与魔鬼的太极智慧
2. 天使与魔鬼的四象限对号入座
3. 什么是天使
4. 天使四象限及修炼
5. 什么是魔鬼
6. 魔鬼四象限及修炼

NO1. 天使与魔鬼的太极智慧

【故事分享】

齐庭轩是一家大型企业的高管，因为喜欢与员工交流沟通又通情达理，所以深受员工爱戴。与员工保持良好关系的同时，他也是一个有原则的人，对员工的要求十分严格，要求他们在工作中必须认真负责。每次会议结束后，他都习惯地查看一下公司的行政人员做的会议纪要。这天，当行政人员把会议纪要交给他时，他仔细看了一下，突然发现了问题，脸色越来越凝重，严厉地对行政人员说："你这次会议记录的工作是怎么做的？会议的主题没写，一些员工的提议也没记下来。"行政人员说："会议的主题我忘写上去了，今天会上发言的人很多，没必要把他们的提议都记下来吧。"

齐庭轩便正色道："每次开会都要把员工的提议记下来，这是公司对会议事项的硬性要求。把每个发言的员工的意见都记下来，也是对他们的尊重，他们的意见对公司的发展有参考价值，因此记录下来极其重要。你就是负责会议记录的人，不能因为怕麻烦就把一些建议省略。此外，你把最重要的会议主题都忘了，也太大意了吧。"齐庭轩的一席话说得行政人员满脸羞愧。看着行政人员一脸的窘迫，齐庭轩换了轻松的语气对他说："你这次的失误我就不追究了，赶紧把要写的东西补上。以后工作时认真负责点。"行政人员听后，诚恳地点了点头。

齐庭轩作为一个管理者，与员工关系融洽的同时又能对他们严格要求，做到了仁爱与严厉两方面的平衡。优秀的企业领导者要能同时扮演好天使与魔鬼两种角色，在管理中既要有天使般的爱心，同时又必须像魔鬼般能硬下心肠，给他们以历练。天使与魔鬼两种角色的阴阳智慧的平衡，有助于实现领导者与员工的融洽和谐的共处，又能让领导者在员工中树立起威信，从而实现对员工的有效管理。

天使为阳：

真爱和秀爱

魔鬼为阴：

真狠和假狠

NO2. 天使与魔鬼的四象限对号入座

企业领导者既要胸怀仁爱之心，关心体贴员工；同时又要对员工严厉，懂得历练员工。对员工有爱心又硬得下心，既当天使又当魔鬼的领导者才是真正实现了管理的智慧。根据天使与魔鬼扮演角色的不同，可以分为以下四种领导者。

● A 类型：既没有爱心，也不历练员工

此类型领导者把员工仅仅当成下属，而不是工作上的朋友和伙伴，从不关心体贴员工。此外，该类型领导者也不去严格约束员工。因此，该类型领导者没有履行好天使与魔鬼的角色，会导致既不受员工爱戴，也不能在员工中建立起威信。在他的领导下，企业会渐渐地走下坡路。

● B 类型：只做天使，不去历练员工

该类型领导者一直扮演的是天使的角色，对员工很好，深受员工欢迎。但因为不严厉，不能严格要求员工，因此员工得不到历练。只会对员工好却不能拿出领导者应有的威信，忽视了领导者作为管理者严厉的一面，所以此类型领导者开公司更像是办慈善事业。

● C 类型：只历练员工，没有爱心

该类型领导者凡事以利益为主，员工只是他获得利益的工具，他对员工极其苛刻，见不得员工一丝的懈怠和小失误，从来不考虑员工的感受。这种没有爱心的领导者完全是周扒皮式的小企业主，只顾眼前利益，只会榨取员工的最大利用价值，没有大胸怀的领导者注定不会在事业上取得大成就。

● D 类型：既做天使，又历练员工

这种领导者能同时驾驭天使和魔鬼两种角色，既能对员工友好体贴，又能在工作中讲原则按制度办事，该严厉的时候严厉，给员工适当的历练。因此不仅与员工的关系融洽，还能使员工不断进步，这种领导者是一个合格的好教练，会带领企业走向成功。

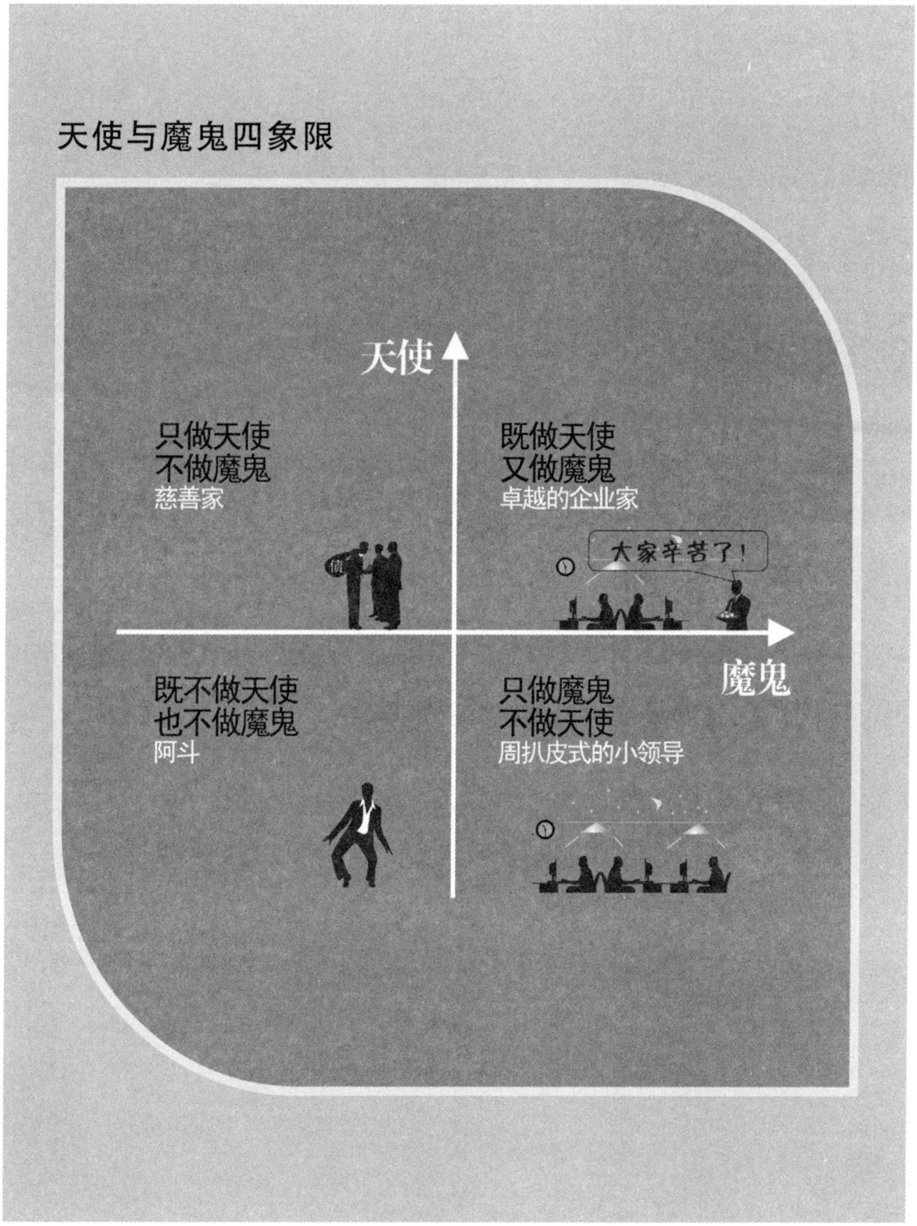

NO3. 什么是天使

【故事分享】

钱鸿诚一向很懂得关心体贴员工，如果他知道员工在工作中遇到了什么困难，一定会及时地帮助员工排忧解难。他每天下午都会在办公室巡查，听员工的工作报告或进行心得交流，以便及时了解他们的工作进展和思想情感变化情况。一天，小宋沙哑着嗓子对他进行工作汇报，看着小宋一脸的疲惫和痛苦的表情，他便关切地询问小宋的健康问题。小宋告诉他自己前一段时间经常熬夜加上饮食不规律导致上火严重，所以咽喉肿痛沙哑。钱鸿程便对他说："你嗓子不舒服，今天的报告就到此为止吧，注意休息。"

第二天按惯例要开每周的全体成员会议，钱鸿诚作为公司领导者要亲自主持，在会议开始时，他在全体员工面前问小宋："你的嗓子好点了吗？"小宋依旧沙哑着嗓子说："比昨天好多了。"

钱鸿诚点了点头，从包里拿出一盒东西递给他，说："这是我之前咽喉疼痛时，朋友送我的润喉茶，效果还挺好，我自己留了一盒，这盒给你，你喝喝试试。"然后他又对大家说："工作重要，健康更重要，大家都要好好爱惜自己的身体，要养成健康的生活规律，好身体是革命的本钱啊。"钱鸿诚的一席话惹得员工哈哈大笑，像一股暖风吹进了他们的心里。

钱鸿诚在日常工作时关心体贴员工，又懂得在恰当的时机"秀爱"，更让员工体会到了他的仁爱之心。一个优秀的企业领导者要能扮演好天使的角色，"天使"是指领导者在管理时要充分关爱员工，让员工感受到你对他们的真心。领导者不仅要在日常的言行中表现出仁爱，更要学会在恰当的时机秀出对员工的爱，使员工有强烈的被关心、被尊重的感觉。领导者天使角色的修炼，会使员工有被爱、被看重的感觉，从而能激发员工的工作热情和斗志，增强员工的凝聚力。

一个好的领导者不仅要在日常工作中真心对待员工，还要恰当秀关怀。

NO4. 天使四象限及修炼

领导者应有宽广的胸怀，心怀仁爱，在工作中善于扮演天使的角色。爱员工才能建立起员工对企业的深厚的感情，有利于他们更好地为企业作贡献。扮演好天使的角色，既要真诚地对待员工，又要学会恰当地秀爱，让员工能体会到你的爱心。

既不关心体贴员工，也不会选择在合适的时机恰当秀爱的领导者会给员工留下一个冰冷无情的领导者形象。而如果只是在心里尊重员工，对员工怀着如对朋友般的情谊，却没有表现出来体现在行动中，不会恰当秀爱，那么员工未必能体会到你的真心，这就会浪费了你对员工的一片苦心。只会秀爱，偶尔在员工面前做做样子，在平常的工作中却没有发自内心地对员工以体贴和关爱，会招致员工的厌恶，成为员工心中的“伪君子”。对员工发自真心地关怀且懂得恰当示爱能让员工感受到融融暖意的领导者才是员工心中的好领导，受员工欢迎。

● 如何修炼真爱

1. 领导者要修炼大胸怀，怀着一颗宽容平和的仁爱之心；

2. 用最真诚的态度对待员工，发自内心地尊重体贴员工；

3. 懂得爱自己，尊重自我肯定自我，当自己充满了正能量时才能懂得去爱别人。

● 如何修炼秀爱

1. 选择恰当的时机，在合适的情境中秀出你对员工的爱；

2. 秀爱不是表演，不要太夸张，秀爱应是你真实情感的自然流露，不能仅仅是偶尔做戏走个过场，要把你对员工的关爱之情贯穿到日常的言行细节里；

3. 加强自我的修炼，学会用最合适的方式表达自己的情感，真心爱戴员工，而不是让你的关爱仅仅体现在口头上的几句暖心话或几次浮夸的表演里。

天使四象限

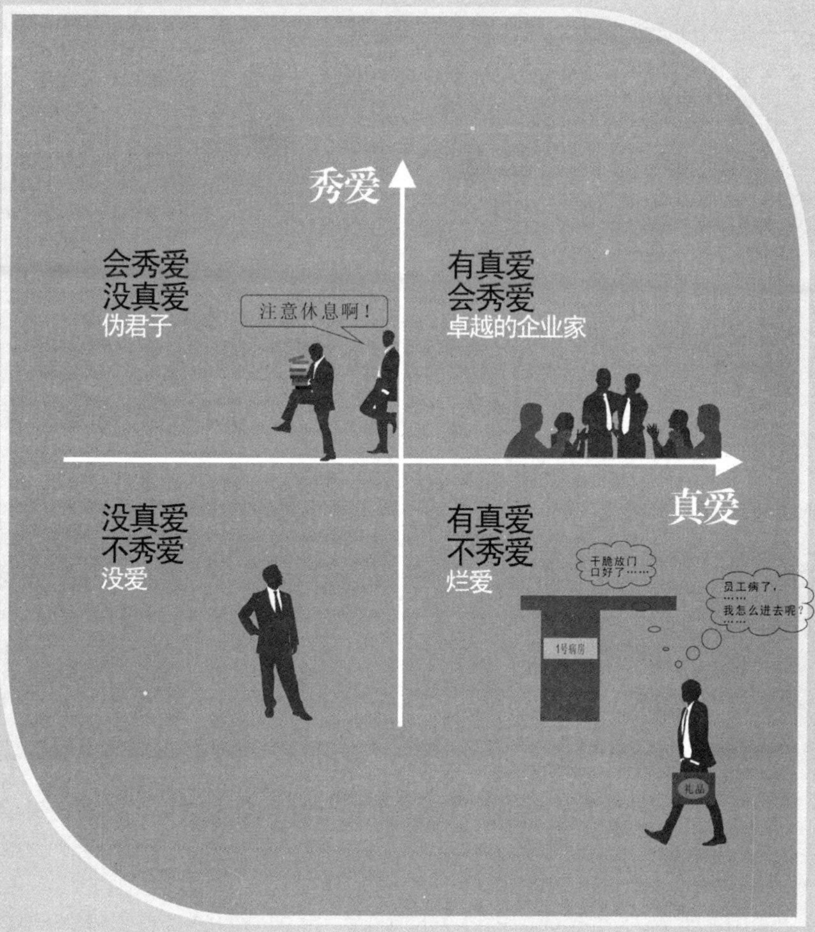
秀爱
真爱
会秀爱
没真爱
伪君子
注意休息啊！
有真爱
会秀爱
卓越的企业家
没真爱
不秀爱
没爱
有真爱
不秀爱
烂爱
干脆放门
口好了……
员工病了，
……
我怎么进去呢？
……
1号病房
礼品

NO5. 什么是魔鬼

【故事分享】

王嘉磊作为某公司售后服务部的负责人，对员工要求一直十分严格。一天他接到一个客户的投诉电话，客户在电话里显得十分生气，反映公司人员的售后服务态度十分恶劣，因此决定取消与公司的订单。王嘉磊当即找到该客户的负责人老秦和小黄，把他们批评了一顿。

“售后服务也是极其重要的一节，老秦你在这一行都干了十多年了，服务看的就是态度，这点就不用我多说了吧。”王嘉磊对员工老秦说。

“小黄你还是个新人，具体的工作流程你可能还不熟练。但你应该明白服务态度是我们赢得客户的关键，希望你以后多学习，以后不要再犯类似错误。”王嘉磊又对小黄说，说话语气缓和了一些。

老秦和小黄面对王嘉磊的批评，都低着头沉默不语。王嘉磊清了清嗓子，对他俩说：“客户对你们的态度十分不满，现在已取消了订单，这件事给公司造成了极坏的影响，按照公司的规定，要对你们进行处罚。老秦，你作为一个老员工还会出现这样的错误，因此处罚会更重，扣除你两个月的绩效工资，职务降一级，并在全公司通报批评，也给其他员工一个警示。小黄，你扣除一个月的绩效工资，写份工作检讨和工作发展计划给我。考虑到你初来乍到，就对你减轻处罚。希望你以此为戒。”

王嘉磊对老秦和小黄的不同处罚得到了公司员工的理解和赞赏，在公司中获得了极好的反响，员工在此后的工作中更加努力认真。

王嘉磊对员工要求严格，但同时又酌情处理员工的错误，对不同员工没有采取“一刀切”的处罚方式，而是不同对待，严厉的同时又具人性化，从而对员工产生了较好的效果。领导者作为公司的管理组织者，要学会扮演好“魔鬼”的角色，树立应有的威严，该严厉的时候严厉，严格按规章制度办事，当员工犯了错误时，应根据实际情况给予合适的处罚，这样既能促进员工的自我反省与总结，又能实现对员工的有效管理。

小黄，考虑到你初来乍到，就对你减轻处罚。希望你以此为戒。

老秦，你作为一个老员工还会出现这样的错误，因此处罚会更重……

NO6. 魔鬼四象限及修炼

魔鬼是领导者的另一个角色，在管理员工时使用的方法要狠一点，心硬起来，但同时又不能只流于表面，不采取真正的措施给员工予以处罚和警醒。领导者该严厉的时候没有在言行上表现出来，也不会做做样子给员工以警醒，这样的领导者是无能的，驾驭不了员工；只会在口头上说说却没有采取真正的措施去严格要求员工，这样便不能对员工起到良好的教育警醒的作用，是对员工的间接放纵。而那种管理极度苛刻，完全不分青红皂白，只要员工一出现小错误就进行严格的处罚，对员工完全不留情面的领导者只能成为员工眼中的“活阎王”。能采取行之有效的措施去严格管理员工，当员工犯了错误时，又能公平恰当地处理，让员工感受到领导者的威严从而自觉去遵守相关规章制度，这样的领导者才是管理得当。

● 如何修炼真狠

1. 严格要求别人的同时自己要以身作则，不搞特殊化。作为领导者，自己犯了错误也要和员工一样，勇于承担后果。给员工起到榜样示范的作用。

2. 修炼自己的原则，有自己的准则和底线，树立领导者应有的威严，严格管理员工，让员工适当地“怕”；对员工严格也是对员工的一种历练。

3. 建立一套行之有效的奖惩机制，规定员工应尽的职责和任务，把错误细分等级，每一个等级的错误都要有相对应的处罚措施。如果员工犯了错误，就要对他按规定处理，这样才能促进员工的进步。此外，绝不姑息重大的原则性错误。

● 如何修炼假狠

1. 如果员工犯了错误不是主观人为而是由特殊情况造成的，可以适当放宽处罚力度，给予象征性的处罚；如果有几个人同时犯了错误，可处罚情况最严重者，这样会使处罚显得人性化，也能对其他员工产生警醒教育的作用，起到杀鸡儆猴的作用。

2. 处罚也要讲究时机，选取最恰当的情境和时间段会让处罚事件给其他员工带来最有效的效果。

3. 人都会犯错误，所以要给员工改正的机会；根据情况对员工处罚留适当余地。但事不过三，如果员工一再犯此类错误要给予惩罚。

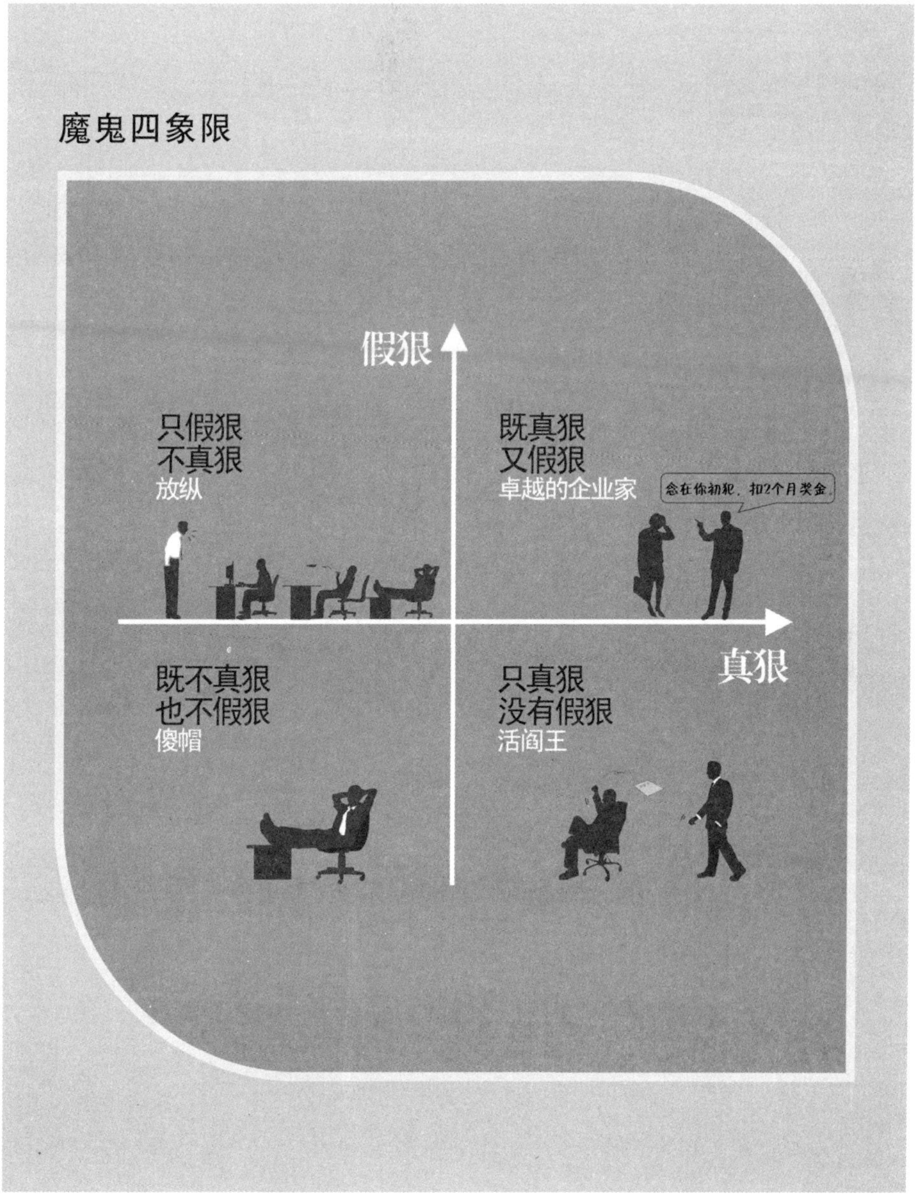

第十一章

圈子与个体

1. 圈子与个体的太极智慧
2. 圈子与个体的四象限对号入座
3. 什么是圈子
4. 圈子四象限及修炼
5. 什么是个体
6. 个体四象限及修炼

NO1. 圈子与个体的太极智慧

【故事分享】

马化腾开始创业时，选择了性格不同、各有特长的人组成一个创业团队。为各展所长，他们分别担当不同的职务。马化腾是 CEO（首席执行官），张志东是 CTO（首席技术官），曾李青是 COO（首席运营官），陈一丹是 CAO（首席行政官），许晨晔是 CIO（首席信息官）。马化腾自愿把所占的股份降到一半以下——47.5%，以免形成一种垄断、独裁的局面。而同时，他自己又一定要出主要的资金，占大股，这样才能使他成为团队的主心骨，保证了领导者独立的话语权和绝对权威。马化腾的创业团队在腾讯开创了成功局面后依旧保持着长期默契的合作关系，在他们的共同努力下，腾讯成了中国互联网行业的佼佼者。

马化腾创业初期，选择了最合适的创业伙伴共同打拼，形成了自己的创业团队。此外，他还出主要资金，保持了领导者的权威性和独立性。马化腾实现了合群与独立的良好平衡，在他的带领下，腾讯渐渐地成长起来。作为一个优秀的领导，不仅要会选择合适的朋友并用心经营自己的人脉圈，还要修炼自我的独立人格，在合群的基础上保持自己的独立性。领导者只有实现了圈子与个体方面的阴阳平衡，把自身的能量与外部的能量结合起来，才能充分发力，带领企业飞速发展。

个体
圈子
圈子为阳：
选择和经营
个体为阴：
自我和合群

NO2. 圈子与个体的四象限对号入座

领导力的修炼需要平衡圈子与个体的关系。既要会经营良好的人脉关系，有自己的圈子，又要保持自我的独立性。根据领导者建立圈子和保持个体独立性的不同情况，可以把领导者分为以下四种类型。

- A 类型：既不会建立圈子，又不注重自我

此类领导者不善处理人际关系，没有建立起属于自己的圈子；与此同时，还不懂得修炼独立人格，没有自己的想法和主张。因此这个类型的领导者是失败的，没有自己的圈子做强大后盾，没有自己的判断和决策力，会使自己陷入孤立无援的境地。

- B 类型：只建圈子，不注重自我

此类型领导者在人际交往方面很有一套，喜欢到处结交朋友；但是却不注重修炼自己的独立人格，对事情没有自己的想法和判断；或者是自己有与众不同的观点，但为了符合大家的口味，便选择隐藏自己的真实想法、随波逐流。这种不能保持独立人格，总是附和别人观点的人，永远只能是一个渺小的跟班，追随着别人的步伐。因为没有自己独立的观点，还会给别人造成没有主见的印象，不一定能得到别人的尊重。

- C 类型：只注重自我，不会建圈子

此类型领导者有非常独立的人格，对事情有自己的一套判断和评价标准，但过于强调自我从而忽略了别人的感受。因为凡事以自我为中心，所以人际关系不太好，与员工相处不够和谐，很难建立属于自己的牢固圈子。因此这种过于注重自我却不会经营人际关系的领导者在员工心中是自私自利型的，不容易得到员工认可。

- D 类型：既知道建立圈子，又注重自我

此类领导者人脉资源丰富，能建立对自己有益的圈子，此外还注重个体独立人格的修炼，能坚持自己的原则。这种领导者会带领企业发展得更顺利。

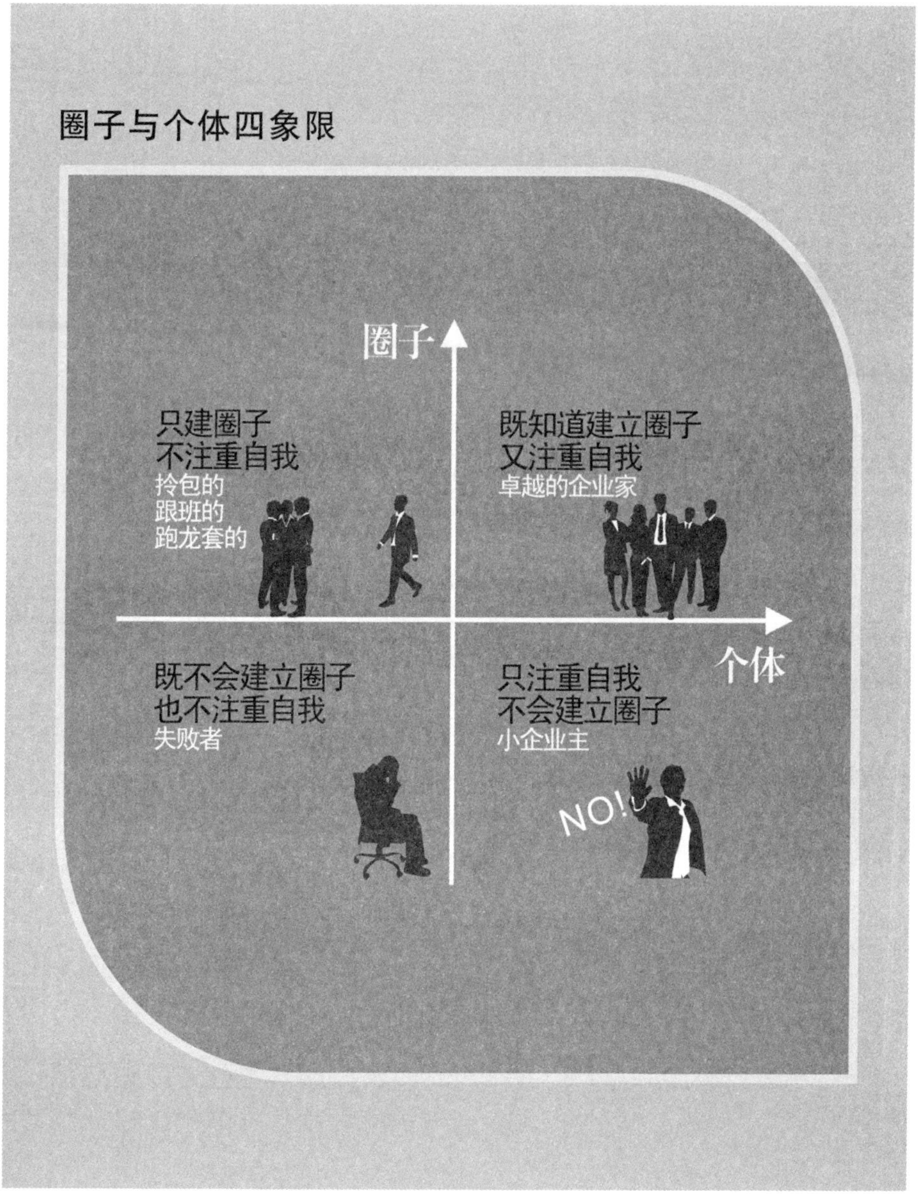

NO3. 什么是圈子

【故事分享】

马泽文是一家企业的老板，除了日常工作外，他还专门给自己划出一些时间用于人脉的建设。他不仅会经常与朋友联系，打个电话或发封邮件问问他们的近况；每个周末，他还会组织朋友进行集体活动，把大家集合到一起，谈谈最近工作的心得或体会，他总能从大家的言谈中获得管理方面的灵感或小窍门。马泽文不仅懂得经营人脉，还特别注重朋友的选择，他的朋友圈里都是比较优秀的人。每周与朋友聚会后，马泽文都感觉浑身充满正能量，精神抖擞地投入到新一轮的工作中。

马泽文善于经营人脉并注重朋友质量的选择，从而给自己带来了更多正能量，促进了工作的良性循环。人际交往是现代社会的基本要求，良好的人际交往，能让领导者掌握更多有利于企业发展的信息，知道员工的需求，从而保持和员工的良好关系。此外，优秀的人脉圈子会提供更多的资源和条件，有利于领导者把企业做大做强。领导者不能故步自封，要学会扩大稳固圈子，建立一定的人际交流圈。建立良好的人际圈，不仅要学会恰当地选择朋友，还要会经营，用心浇灌的友谊之花才会开得更旺盛。稳固的圈子、良好的人际交往能力，会使领导者的事业如虎添翼。

优秀的领导者要
学会建立良好的
人际圈，学会选
择，用心经营。

NO4. 圈子四象限及修炼

领导者要建立自己的人际交流圈，圈子的修炼又具体表现在选择和经营两方面。既不懂选择合适的朋友也不善经营圈子的领导者只会使自己陷入孤立无援的境地；善于结交朋友，有很好的选择朋友的眼光却不会用心经营的领导者同样不能建立稳固的朋友圈子。只会经营圈子却没能选择合适的朋友同样是白费力气。只有既会选择朋友又善于经营的领导者才是成功的领导者。

● 如何修炼选择

1. 找到和自己能量级相匹配的圈子，选择合适的朋友，避免充满负能量的人给你带来不好的影响；

2. 对自己有清晰的定位，正确地认识自己，知道自己需要什么样的圈子；

3. 结交朋友时要慎重选择，不是所有的人都适合当你的朋友，对于不合适的人，要懂得拒绝。

● 如何修炼经营

1. 领导者要扩大社交圈，业余时多参加活动，有意识地去结交优秀的、对自己有用的人，不断地进行自我圈子的积累；

2. 多跟和我们能量级一样的人联系，与自己志趣相投的人交朋友；

3. 要明白圈子是要整理的，不断地进行圈子的更新和整理，不断地结交新的朋友，淘汰不合适的朋友，使自己的圈子保持在最佳的状态。

圈子四象限

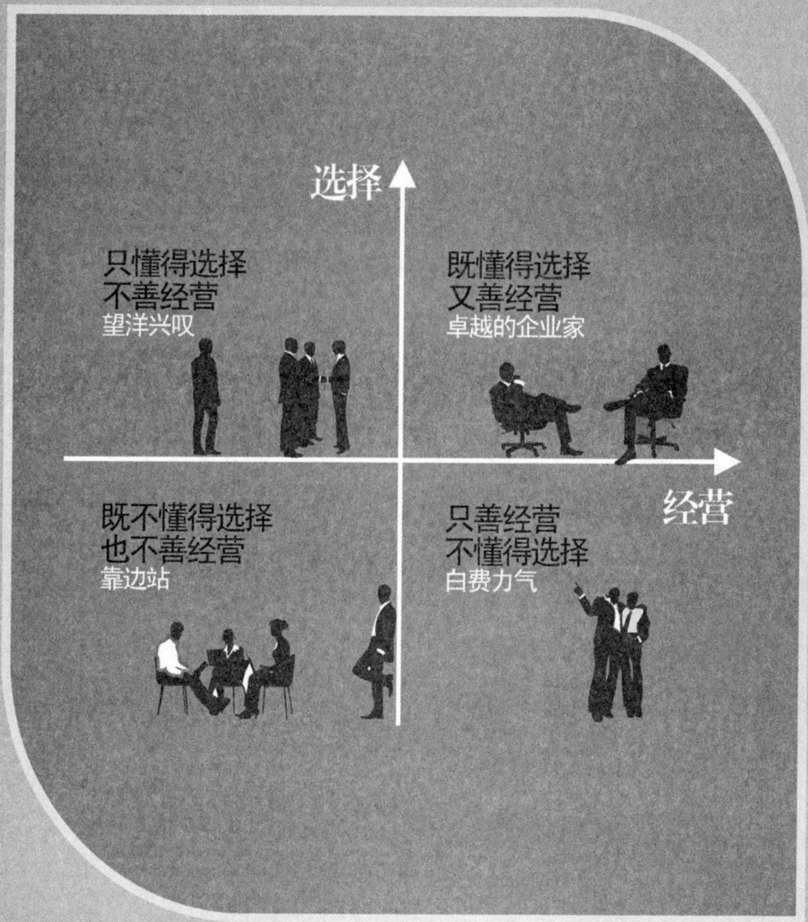
选择
只懂得选择
不善经营
望洋兴叹
既懂得选择
又善经营
卓越的企业家
经营
既不懂得选择
也不善经营
靠边站
只善经营
不懂得选择
白费力气

NO5. 什么是个体

【故事分享】

在某公司一次例会上，沈经理作完总结后，照例是会议的自由讨论时间。刚开始时，大家的兴致都不高，只有一个员工简短地说了两句，会议的气氛很凝滞。沈经理见状，便说了几句活跃气氛的话，员工的积极性被调动起来了，开始你一句我一句讨论起来，沈经理也加入到与大家的讨论中去，会议室里充满了热情融洽的气氛。这时，有员工提议扩大公司产品广告的投放范围，以增强产品的市场影响力。此意见一出，许多员工表示赞同，纷纷表达了对这条提议的认可。沈经理在倾听员工说话的过程中，一直没有言语。等大家都说完了，他便清了清嗓子说："你们提出的扩大产品广告范围的提议很不错。但是我们公司的产品不像其他类型的产品具有消费市场的普遍性，所以只能针对性地投放广告。盲目地扩大广告范围，不仅浪费大量的人力、物力，还不能起到良好的效果。不过，你们的提议很有建设性，公司就需要你们的不同意见。"员工听了，都心悦诚服地点了点头。

沈经理在公司会议上，既能与大家一起讨论，促进会议良好热情的氛围的形成，同时又能不跟随他人的观点，保持自己对事情的判断和想法。领导者需要不断加强个体的修炼，既要能合群，又能在良好的人际交往中保持自我独立性。个体是我们每个人在修炼过程中，必须要进行的自我独立人格的修炼，具体表现为合群和自我。成功的个体修炼需要合群和自我两方面的平衡。

你们提出的扩大产品广告范围的提议很不错。但是盲目地扩大广告范围，不仅浪费大量的人力、物力，还不能起到良好的效果。

NO6. 个体四象限及修炼

修炼卓越领导力，必须要进行自我独立人格的修炼，实现合群与自我两方面的平衡。既不合群，不能与他人建立良好关系，也不懂得保持自我的人，只能是一个失败的领导者。能与众人保持步伐一致却失去自我判断力的领导者只会随波逐流，不能带领企业做大做强；只一味追求自我，忽略了他人的想法和感受的领导者是一个自私的领导者。真正优秀的领导者是既能合群又能保持自我的人。

●如何修炼合群

1. 集体的力量是无穷的，领导者要有能聚合员工力量的能力，增强全体员工的凝聚力。

2. 领导者要明白集体的利益高于个人的利益，凡事以集体利益为重，把集体利益置于个人利益之前。作为一个企业的领导者，要顾全大局，必要时牺牲小我利益。

3. 不要把自己封闭在自我的世界里，多参加圈子活动，定时与圈子伙伴联系，会使你的圈子更加稳定。

●如何修炼自我

1. 首先让自己拥有独立的人格，人格独立才能有主见、有气场。

2. 对自己充满热情与信心，但要把握好自信的度。自信的同时要尊重他人，怀着一颗谦逊的心，自信但不自傲。

3. 培养自我意识，对自我认识的加深有助于找准自己的位置，扮演好自己应该扮演的角色。同时要加强自我人格的修炼，完善自我品质，把自己变成更完美更强大的个体。

个体四象限

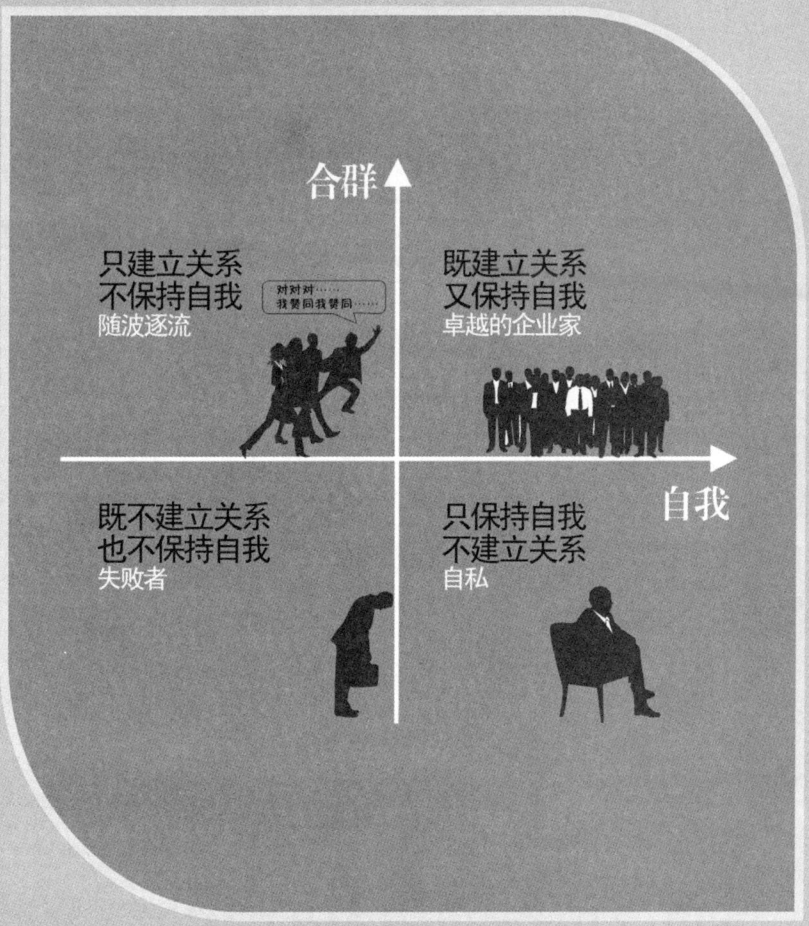
合群
自我
只建立关系
不保持自我
随波逐流
对对对……
我赞同我赞同……
既建立关系
又保持自我
卓越的企业家
既不建立关系
也不保持自我
失败者
只保持自我
不建立关系
自私

第十二章

加法与减法

1. 加法与减法的太极智慧
2. 加法与减法的四象限对号入座
3. 什么是加法
4. 加法四象限及修炼
5. 什么是减法
6. 减法四象限及修炼

NO1. 加法与减法的太极智慧

【故事分享】

麦当劳在进入中国的一段时期内，其加盟店如雨后春笋般遍布中国的大中小城市，极大地拓展了中国的消费市场。随后由于在中国的销售额下滑，麦当劳便停止扩张，同时调整其运营计划，收缩新店面的增加速度并且有选择地关闭了一些店面，将更多注意力集中在提高现有店面的服务水准和运营质量上，在推出新产品的同时改进现有产品，从而吸引了更多的消费者。

麦当劳的扩张战略使得其在中国市场迅速站稳脚跟，并使这一品牌逐渐深入到中国消费者心中。随着其销售额的下滑，麦当劳又实施了恰当的战略收缩，不仅降低了快速扩张带来的风险和负担，最重要的是提高了麦当劳的服务和产品质量，从而巩固了市场。领导者要根据市场和企业自身发展状况，审时度势，适当地做加减法。明智的加法与减法需选准时机，要有节奏地进行企业战略扩张或收缩，而不是不顾客观规律和事实，盲目推行扩张收缩策略。领导力的修炼，要实现做加法与减法两方面的平衡，既要有把事业做大做强的野心和魄力，懂得企业扩张之道，还要谨慎行事，以退为进，该收缩的时候收缩，带领企业做大做强的同时实现稳步发展。

减法
加法
加法为阳：
扩张和节奏
减法为阴：
收缩和节奏

NO2. 加法与减法的四象限对号入座

卓越的企业领导者不但要会做加法，更要懂得做减法，把握好扩张和收缩的节奏。根据做加法与减法的不同情况，可以分为以下四种领导。

● A 类型：不会做加法，也不会做减法

此类型领导者目光短浅，思维被禁锢在当前的格局中，不懂根据市场和企业发展状况进行灵活变动。这种只会固守当前取得的成就，保持一成不变的状态，没有野心不懂扩张也不懂适时收缩的领导者不会带领企业发展壮大，在原地踏步的过程中最终会被市场的大潮流淘汰。

● B 类型：只会做加法，不会做减法

此类型领导者具有勇于冒险、追求刺激的精神，敢于做加法。但只一味盲目拓展自己的事业，却忽略了企业和市场发展的实际状况，不懂适时收缩。没有建立在客观事实基础上的扩张会给企业带来巨大的压力和负荷，在这种激进的领导者带领下，企业发展的潜在风险大大增加。

● C 类型：只会做减法，不会做加法

此类型领导者过于谨慎，奉行的是收缩策略，缺少把企业做大做强的勃勃野心。他总是在做减法，宁肯企业发展原地踏步，也不能让企业在探索过程中走向失败，没有优秀的领导者应有的魄力。在他的这种过于求稳的发展策略下，公司只能维持着原样。因为不会做加法，这种领导者注定只能是小老板。

● D 类型：既会做加法，也会做减法

这种领导者既有野心和魄力，又有审时度势的谨慎态度。他能根据不同情况，选择最有利于企业发展的扩张或收缩策略，这种既会做加法也会做减法的领导者才是卓越的领导者，会带领企业保持着最佳发展状态。

加法与减法四象限

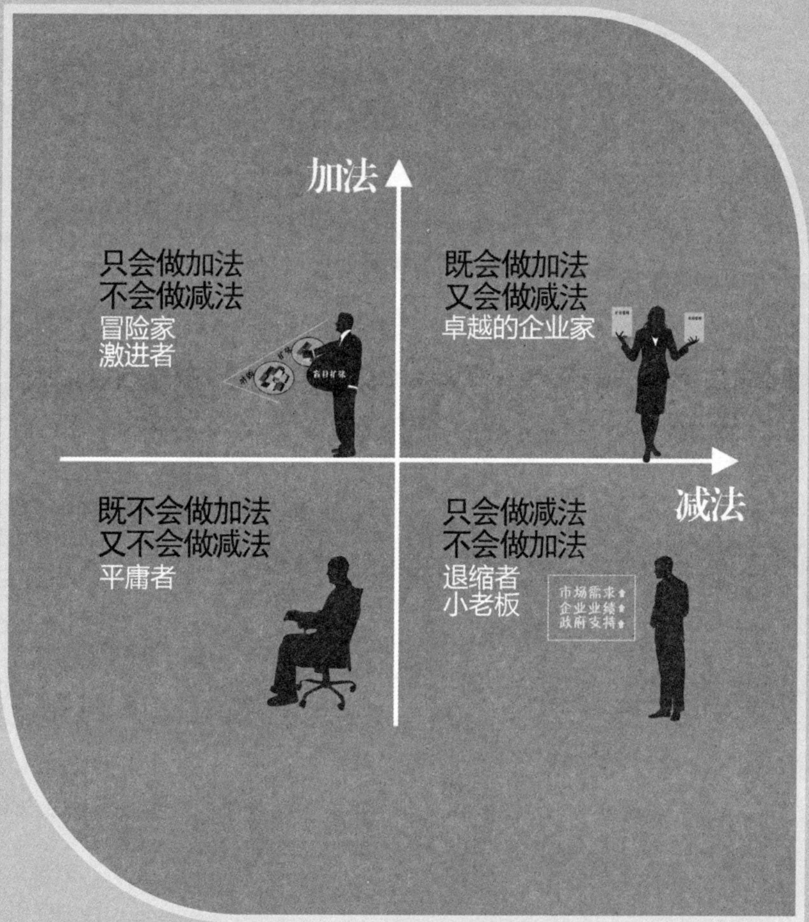
加法
减法
只会做加法
不会做减法
冒险家
激进者
既会做加法
又会做减法
卓越的企业家
既不会做加法
又不会做减法
平庸者
只会做减法
不会做加法
退缩者
小老板
市场需求
企业业绩
政府支持

NO3. 什么是加法

【故事分享】

潘洪波是一家国有酒店的负责人，该国有酒店虽然地处山清水秀的风景区，但由于风景区知名度不高，游客稀少，所以该酒店的生意也一直是不温不火。最近随着该风景区的建设和开发，游客量大增，潘洪波仿佛看到了一丝转机。他积极组织牵头对该国有酒店进行改制，使酒店的管理运营更富有活力。在酒店的运营状况好转后，潘洪波创造了专属的酒店品牌，他的酒店在游客中赢得了广泛的赞誉。潘洪波并没有止步于此，他开始了实行战略扩张的步伐。他收购了该风景区旁边的一些富有特色的小商店、小饭馆和小宾馆，实现了吃、喝、玩、乐、购、住宿一条龙服务，由于进行统一挂牌，标准化管理，既保证了该酒店品牌的服务质量，又使该品牌的影响力不断扩大，实现了品牌的连锁效应。潘洪波的酒店品牌名声越来越响，他看准了该地区旅游发展潜力，又在其他一些景点设立了分店，生意越做越大，成为当地小有名气的企业家。

潘洪波抓住风景区开发的良好机遇，积极进行扩张，实现了事业的腾飞。卓越领导力的修炼，要学会做加法，在最恰当的时机进行有节制的企业扩张。做加法需要领导者有野心和魄力，还要有运筹帷幄掌控全局的能力。企业在做加法的时候，要注意有节奏的扩张，而不是漫无目的扩张。根据客观事实进行适当的扩张，才能带领企业健康稳定地发展。

一个卓越的领导者，要学会做加法，
在最恰当的时机进行有节制的企业扩张。

NO4. 加法四象限及修炼

加法就是在企业的经营过程中，进行不断地扩张的做法；但企业做加法的时候要根据客观事实依据时势进行有节奏的扩张。既不能抓住良好时机也没有扩张壮大的野心的领导者是失败的，企业的发展在他的领导下会陷入僵局，死气沉沉。在企业发展过程中遇到了大好的发展时机，却缺少魄力和果敢，瞻前顾后不敢进行扩张的领导者只能白白浪费了宝贵的机会。而只会盲目扩张却忽略了现阶段的发展规律的领导者只能给企业带来更大的风险，会白白耗费巨大的人力物力，导致企业发展疲软失去活力。只有选准时机作出最恰当的扩张政策的领导者才会带领企业做大做强。

● 如何修炼扩张

1. 领导者要进行多元化经营，修炼扩张思维。根据企业特长和资源，不只局限于一种产品或一个产业发展，要不断扩大企业的生产经营范围和目标市场范围，从而使企业发展壮大，在市场竞争中立于不败之地。

2. 领导者要敢于创新，培养成就大事业的野心和魄力，同时要谨慎行事，带领企业踏实地走好每一步。

3. 培养敏锐的眼光和精准的判断力，知道什么是企业发展的最好时机，进而作出正确的决策。

● 如何修炼节奏

1. 当企业发展的良好时机来临时，要抓住机会并善于利用机会；

2. 在没有合适的时机时，要努力创造机会，充分利用公司现有的条件和资源给公司扩张创造良好条件；

3. 领导者要充分发挥自己的能力，给公司的发展壮大寻找时机，机会并不都是等来的，而要靠自己去寻找。

加法四象限

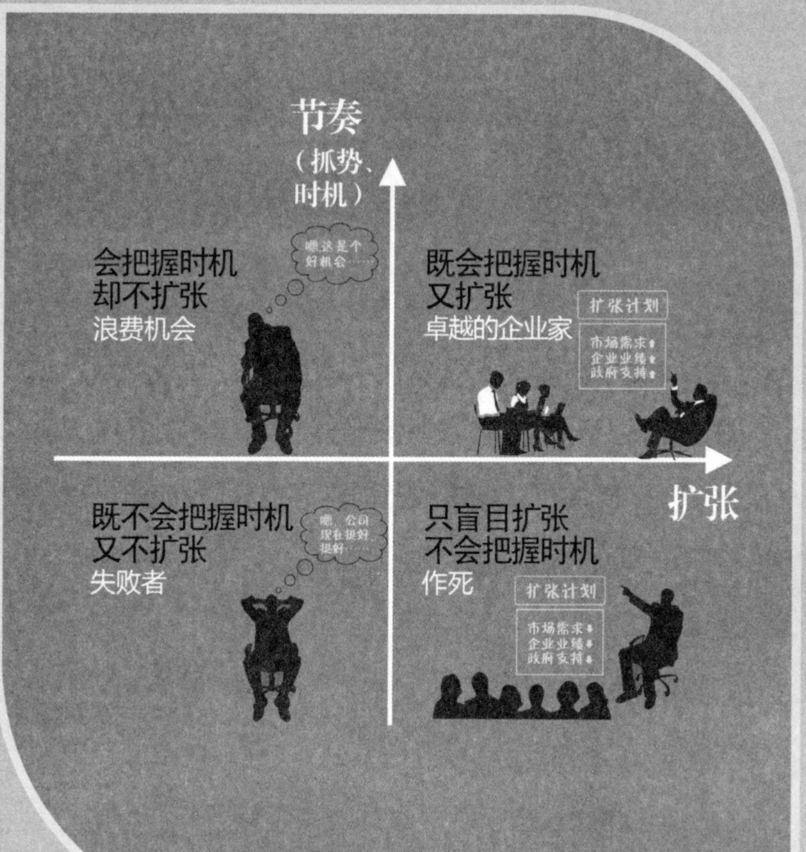
节奏
（抓势、时机）
扩张
会把握时机
却不扩张
浪费机会
嗯这是个好机会……
既会把握时机
又扩张
卓越的企业家
扩张计划
市场需求
企业业绩
政府支持
既不会把握时机
又不扩张
失败者
嗯，公司现在挺好挺好……
只盲目扩张
不会把握时机
作死
扩张计划
市场需求
企业业绩
政府支持

NO5. 什么是减法

【故事分享】

由于化工产品的滞销以及一些其他原因，拜耳公司的利润逐年下降，为了改善这种情况，其总裁温宁上任之后便抓住时机实施了企业收缩策略，分拆了旗下一些化工和塑料业务部门，成立了一家新的公司——朗盛化工，而将更多精力集中在最有发展前景的优势产业上，在这次业务分拆计划中，拜耳公司只保留了医疗部门、部分塑料生产部门和农用化学制品部门。这样分立后拜耳可以集中资源，把资金和精力都用在“刀刃”上。在完成收缩重组之后，拜耳集团迅速摆脱了亏损的境地，不仅降低了管理和运营成本，还巩固了自己的优势产业。

“以退为进”也是企业发展过程中一着高明的棋，拜耳公司的总裁温宁就是在恰当的时机果断分拆阻碍企业发展的部门，从而使公司的运行恢复了活力，保持了高效良好的发展状况。企业领导者应学会恰当地做减法，在适当的时机实行企业收缩战略，该放手时放手，有利于企业充分发挥并巩固自身的核心竞争力。这种能恰当地实施企业战略收缩的领导者是明智的，因为他充分掌握了减法的智慧，带领企业始终保持着良好的发展态势。

“以退为进”也是企业发展过程中一着高明的棋。

NO6. 减法四象限及修炼

企业收缩是企业行为中必不可少的重要组成部分，是一种以退为进的发展策略。减法就是在企业经营过程中根据实际情况进行合适的收缩策略。企业在做减法的时候，要注意有节奏的收缩，而不是漫无目的收缩。既不懂抓住时机，又不懂根据形势进行收缩策略的领导者不会带领企业发展得更好；在合适的时候却没有抓住时机进行收缩的公司是失败的；没有找准时机仅会盲目收缩会给公司带来极大损失，造成人力物力资源的浪费；只有在最恰当的时候进行适当的收缩的领导者才是明智的。

● 如何修炼收缩

1. 在企业发展过程中，由于内外多重因素的影响，盲目扩张很可能不能达到预期结果，此时实施收缩策略就显得非常必要。领导者在必要的时候要懂得以退为进，通过收缩降低经营成本提高工作效率，从而保证企业良好的发展态势。

2. 不计较眼前得失，该放手的时候放手，放得下，才可以再拿得起，才能带领企业取得更大的成就。

3. 修炼自己做减法的能力，培养远大的胸怀和眼界，不能只禁锢于眼前的利益；保持一颗平和的心态，坦然面对风起云涌的市场变化情况。

● 如何修炼节奏

1. 抓住并把握时机，在最恰当的时候进行战略收缩，保证公司的利益最大化；

2. 善于为公司的发展创造时机，保证公司的收缩策略顺利地进行；

3. 寻找最恰当的时机实施企业收缩策略，保证战略收缩的最佳效果。

减法四象限

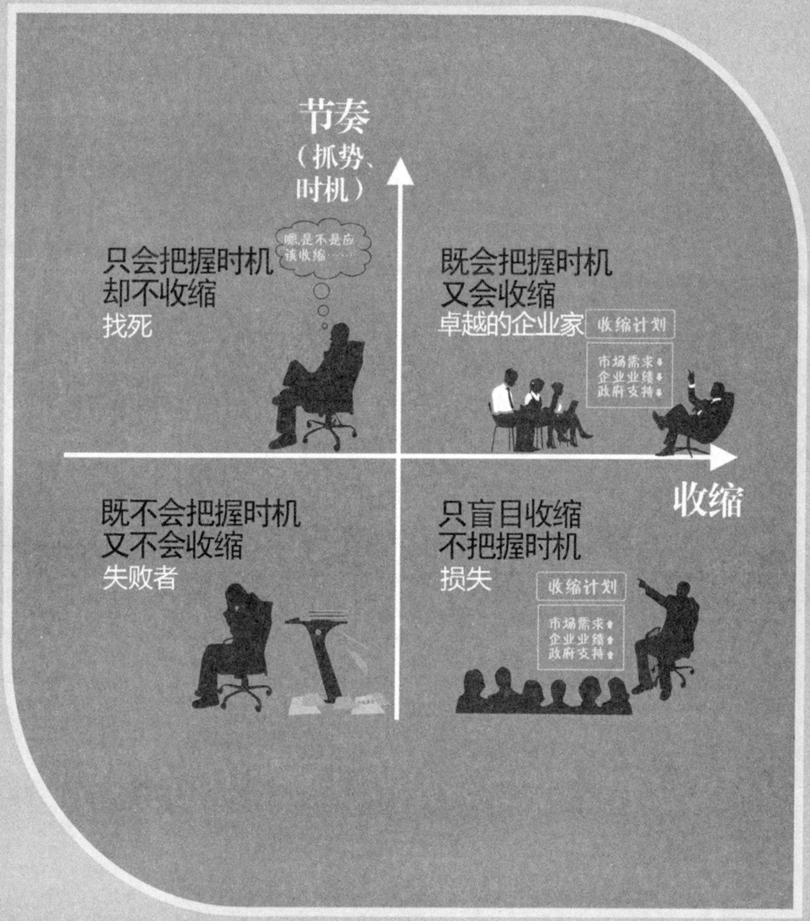
节奏
（抓势、
时机）
嗯,是不是应
该收缩……
只会把握时机
却不收缩
找死
既会把握时机
又会收缩
卓越的企业家
收缩计划
市场需求
企业业绩
政府支持
收缩
既不会把握时机
又不会收缩
失败者
只盲目收缩
不把握时机
损失
收缩计划
市场需求
企业业绩
政府支持

第十三章

动与静

1. 动与静的太极智慧
2. 动与静的四象限对号入座
3. 什么是动
4. 动四象限及修炼
5. 什么是静
6. 静四象限及修炼

NO1. 动与静的太极智慧

【故事分享】

吴炳辉是一家公司的销售经理，做事风格雷厉风行。他总是能根据市场状况作出最恰当的销售计划。一旦市场出现波动，他能根据消费者的消费状况迅速调整销售方式，采取正确的行动，从而使公司的损失降到最低。吴炳辉不是盲目地行动，他是在对市场行情和企业自身发展进行理性地分析后，经过深思熟虑作出决策。在他正确的带领下，公司的销售状况一直处在良好的发展态势。

吴炳辉作为销售经理，能根据市场情况迅速作出反应，但他并不是盲目行动，而是建立在理性思考的基础上，根据事实情况经过深思熟虑作出恰当的决策。优秀的领导力修炼，需要实现动与静两方面的融合与平衡。领导者要学会蓄能和出击，做到行动快、稳、准、狠；同时要学会内思和外察，修炼平和的心态，提高自我反思和自我总结的能力，还要有敏锐的洞察力，能在纷繁复杂的市场状况中保持清醒的判断和独立意识，从而作出正确的决策，采取正确的行为，实现谋定而后动。

静
动
动为阳：
蓄能和出击
静为阴：
内思和外察
未来五年计划
市场分析报告

NO2. 动与静的四象限对号入座

领导力的修炼，也是实现动静状态平衡的修炼过程。既要有高效的行动力，适时而动，又能三思后行，在行动前进行充分的分析与思考，为理智行动打下坚定基础。

● A 类型：既不懂动，也不懂静

此类型领导者没有充分体现动与静两方面的智慧，既不懂适时行动，该出手时出手，还缺乏谋略，在行动前没有进行充分的思考。这种领导者不善于创造机会去实现成功，总是处于守株待兔的等待机会的状态。在这种没有谋略在胸，不善于动脑也不具有高效行动力的领导者的影响下，企业前景堪忧。

● B 类型：只懂动，不懂静

此类型领导者行动力强，但却不善于用脑，缺乏敏锐的观察力，行动之前缺乏理智的思考与计划，因此行动结果往往差强人意，不能达到预期效果。这种领导者属于无谋略激进蛮干的类型，会给企业的发展带来许多坎坷与障碍。

● C 类型：只懂静，不懂动

此类型领导者具有敏锐的观察力，能高屋建瓴地提出事业的发展计划。但却没有把好想法落实到行动上；这种只懂静不懂动的领导者更适合当一个思想者，不能带领企业做大做强。

● D 类型：既懂动，又懂静

此类型领导者深谙动静平衡之道，有良好的洞察力和分析力，又具有卓越的行动力，能带领企业实现预期目标或超预期实现目标。

动与静四象限

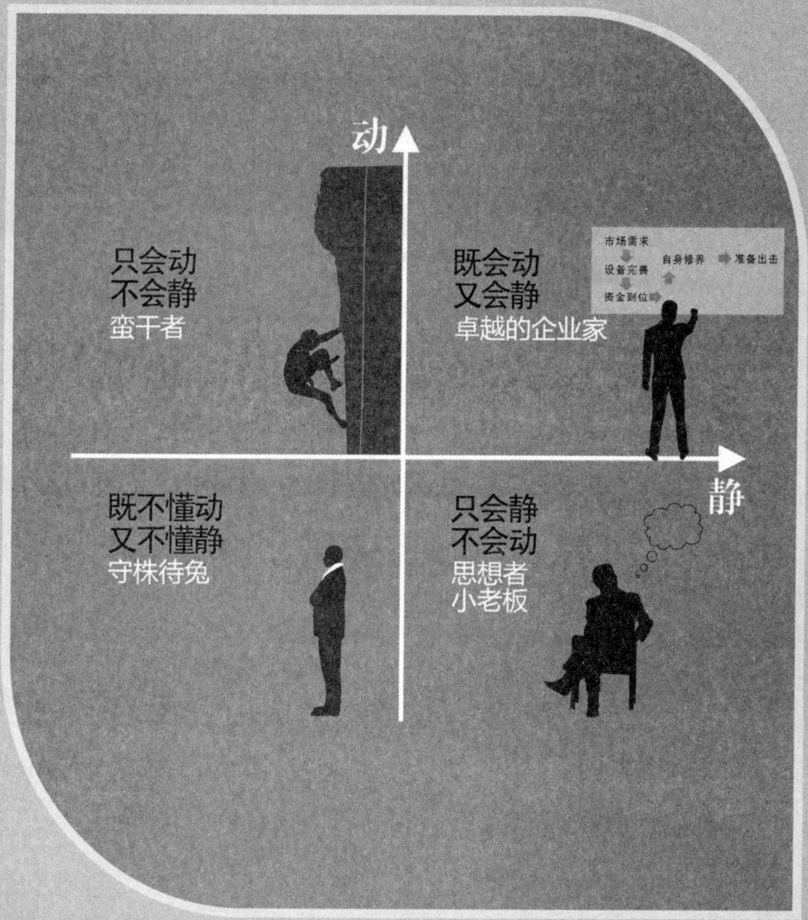
动
静
只会动
不会静
蛮干者
既会动
又会静
卓越的企业家
市场需求
设备完善
资金到位
自身修养
准备出击
既不懂动
又不懂静
守株待兔
只会静
不会动
思想者
小老板

NO3. 什么是动

【故事分享】

柳涵坤是一家小电子产品公司的老板，平时给一些大的电子科技厂做零配件的加工。公司规模虽小，柳涵坤却胸怀大志，想把自己的公司做成最好的电子零配部件加工厂商。在有了明确的发展目标后，柳涵坤投入大量资金从德国引进先进制造设备，并重金聘请有多年一线经验的高级技师，同时对原材料质量进行严格把关，对生产流程进行严密把控，在提高了本公司的生产加工水平的同时，柳涵坤也注重自身领导力的修炼，不断完善自我。在做好准备工作的同时，柳涵坤积极与规模大的电子厂联系，发展新的客户源，并带着公司团队参加各种产品展销会，积极推介公司产品。在柳涵坤与公司全体成员的努力下，公司实现了稳步向前发展的目标。

柳涵坤想把公司做大做强，便从增强公司自身的实力入手，提高产品质量水平，在做好公司实力建设的同时，他还加强自我修炼，以带给公司源源不断的发展动力。除了做好准备工作打好基础，柳涵坤还主动出击为公司产品拓展市场，从而使公司得到了发展。领导者进行领导力修炼时，要提高行动能力，选准时机，该出手时迅速出手。“磨刀不误砍柴工”，所以领导者在采取行动前要打好基础，先蓄能再进行出击，这样才会取得事半功倍的效果。

引进先进设备
聘请高级技师
对原材料质量把关
对生产流程严密把控
自身领导力的修炼
与规模大的电子厂联系
积极发展新的客户源
参加各种产品展销会
积极推介公司产品

NO4. 动四象限及修炼

动是指企业领导者在进行管理过程中，在必要的时候就出手，抓住时机实现高效及时的行动。领导者在修炼动的能力时，要明白先进行蓄力，之后才是出击，蓄力的目的就是为了出拳的时候更加有力。动的修炼包括蓄力和出击两方面，既不懂得为企业发展储存能量，也不懂恰当出击的领导者只是被动地等待企业发展的机遇；只顾储存能量却不能把握好时机，不懂适时出击的企业领导者只能局限于一定的发展状态下，不能拓展企业的发展前景；只有既懂得储存能量，又能适时出击的领导者才是成功的，充分贯彻了动的智慧。

● 如何修炼出击

1. 领导者要行动迅速，一旦决定行动就果断出击，做事干净利落、雷厉风行。

2. 修炼敏锐的观察力和判断力，善于发现时机并创造机会；还要根据形势变化作出最恰当的决策，把握住机会获得成功，实现事业发展的质的飞跃。

3. 领导者要修炼魄力，能担当敢负责；主动出击时要行动到位，实现稳、准、狠，从而获得良好的行动效果。

● 如何修炼蓄能

1. 领导者要修炼强大的意念力和正能量，不断完善自我，用自己的正能量和意念力去影响员工；

2. 激发内心的能量，迸发强大的能量场；

3. 领导者要创造一个善于激发开拓潜能的工作环境，激发团队和自身内心的潜能，从而实现全体成员与公司的共同进步。

动四象限

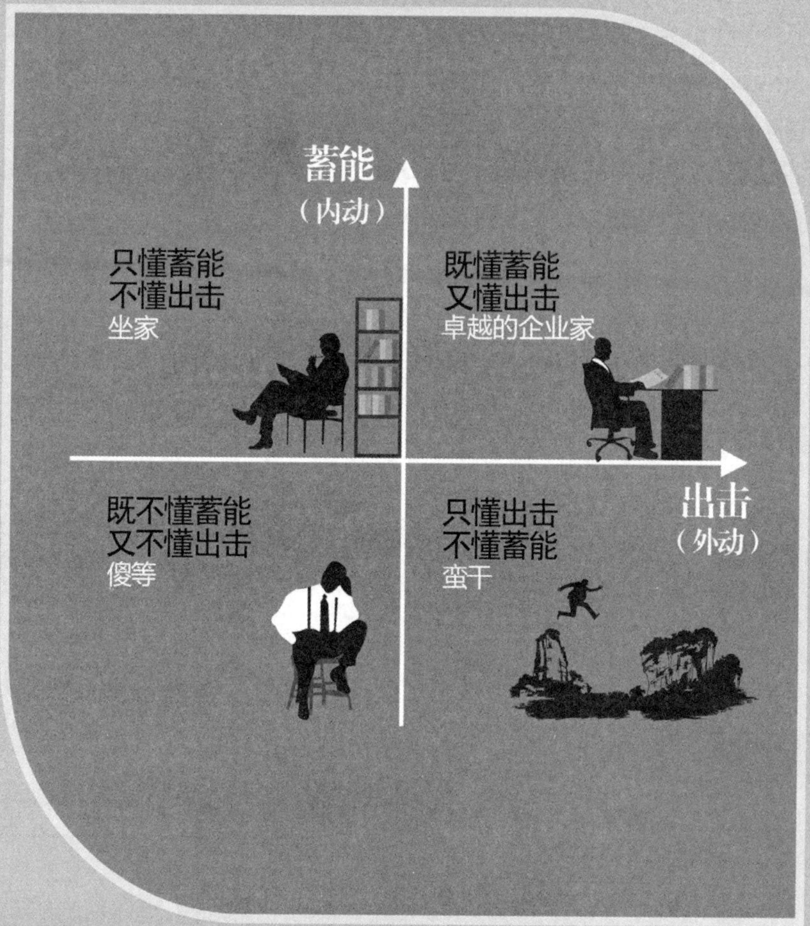
蓄能
（内动）
只懂蓄能
不懂出击
坐家
既懂蓄能
又懂出击
卓越的企业家
出击
（外动）
既不懂蓄能
又不懂出击
傻等
只懂出击
不懂蓄能
蛮干

NO5. 什么是静

【故事分享】

全球知名剃须刀品牌吉列前执行官柯曼·马可勒是个谦虚又有些腼腆的绅士，他的性格温和柔软，却又柔中带刚，虽然沉默少语却给人以不可忽视的影响力。在他担任执行官期间，吉列曾经遭遇3次恶意收购。在这些收购中，马可勒没有接受数额巨大的收购金，通过卖掉所持有的股票大赚一笔，而是始终保持着平和的心态，按照自己的步伐行进，带领公司发展壮大，继续为公司未来奋战。马可勒具有敏锐的市场观察力和良好的自我反思总结能力，他认定剃须刀的市场仍大有潜力可为，便投注大量资金和精力在新产品的研发上，最终感应式剃须刀这个新产品面市并在市场上赢得一席之地。这种感应式剃须刀不仅成为历史上最畅销的剃须刀之一，更带动吉列市值攀上历史新高，为吉列赢得了巨大的声誉。

柯曼·马可勒在吉列面临着被恶意收购的环境下，仍能保持平和的心态，知道自己作为企业的领导者应该怎么做才是对企业最有利的。他具有敏锐的观察力和总结分析能力，最终靠新产品为吉列赢得了事业发展的新高峰。作为领导者，你需要充分修炼静的能力，它包括内思和外察两个方面，既要保持平静的心态，有自我总结反思能力，又要有高明的洞察力，能透过现象看本质，从而作出正确的决策。静是一种无声却胜有声的力量，企业领导者能安于静，方能在市场竞争中运筹帷幄、决胜千里。

修炼静的能力，
既要保持平静的心态，
有自我总结反思能力，
又要有高明的洞察力，
能透过现象看到本质。

NO6. 静四象限及修炼

静就是企业管理者在行动前思考的过程，这种静的过程包括内思和外察两方面，既要有对外界事物敏锐的观察力，能准确判断形势又能进行自我思考，进行自我能量的探索。既不懂内思也不懂外察的领导者是失败的，因为不能给企业发展带去源源不竭的动力；只有内思却没有外察能力的领导者注定只能是目光短浅的井底之蛙，不可能带领企业做大；只懂外察却不能内思的领导者只能是这山望着那山高，白白羡慕别人的成功；只有既懂得内思又懂得外察的领导者才是优秀的领导者，充分体现了领导中“静”的智慧。

● 如何修炼内思

1. 每天利用半小时进行思考，进行自我总结和反思，不断总结经验以促进自己的成长；

2. 修炼自己静下来的能力，保持平和的心态，不计得失，宠辱不惊，在面对事情时有波澜不惊的心态；

3. 在任何时候都要心如止水，只有心静了，才能在纷繁复杂的表象下看清事物发展的本质和规律。

● 如何修炼外察

1. 善于向有用的人学习，从他人身上汲取力量和智慧；

2. 修炼敏锐的观察力，宁静而致远，能用冷静的头脑思考问题，保持含蓄克制的良好修养。

静四象限

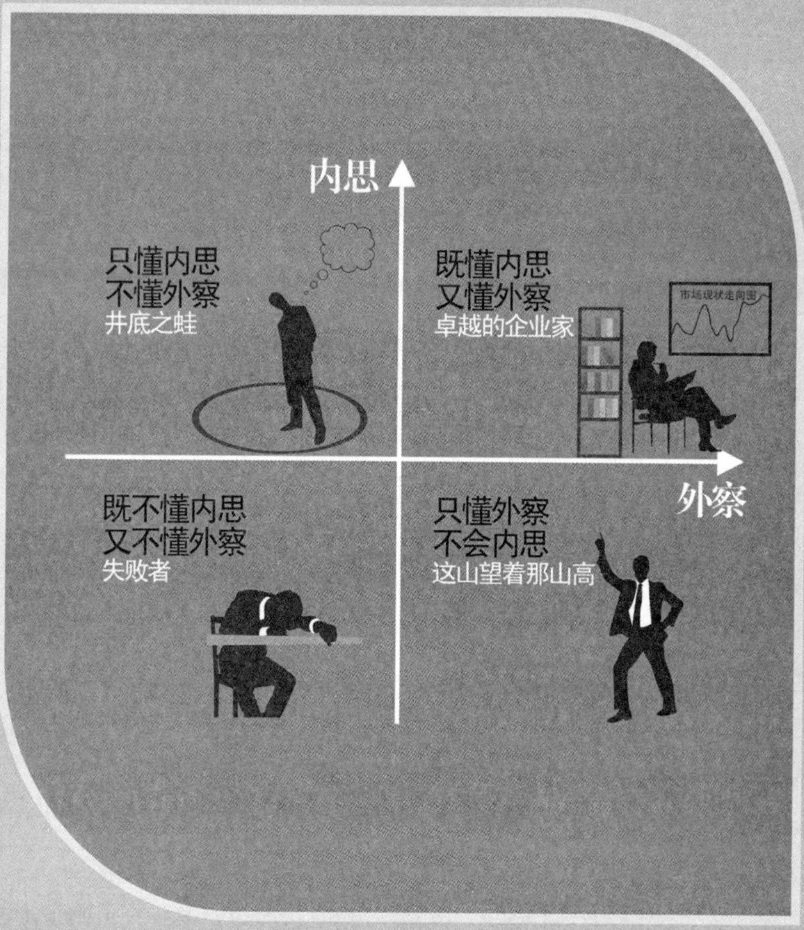
内思
外察
只懂内思
不懂外察
井底之蛙
既懂内思
又懂外察
卓越的企业家
市场现状走向图
既不懂内思
又不懂外察
失败者
只懂外察
不会内思
这山望着那山高

后 记

从事领导力研究这么多年，一直想写一本关于领导力修炼方面的书，因为时间问题，迟迟没有完成，在几位朋友的催促下，终于完成了这本书。

在这里想花点时间向大家介绍一下国联商学院，国联商学院能为企业提供系统培训、落地咨询、投资融资、链商资源、云服务等服务。系统培训包括九大企业系统课程、两大生命系统课程和商务游学之旅。落地咨询是在系统培训的基础上，为客户提供针对性的落地咨询，将在课中所学运用到企业的实际运营和工作中。投资融资，主要是为企业解决资金方面的问题，同时结合我们与工信部合作的5020工程，助力企业快速发展。链商资源，是我们所服务的170个行业，每年都会在各个行业内展开链商活动节，沟通供需，洽谈商机和业务，为客户提供上下游产业资源！云服务，是我们的云平台系统，为学员打造一站式的学习和交流的平台，获取课程信息、商机、资源等各种服务，都可以通过我们的云平台一站式完成！

正能量企业系统课程旨在帮助企业打造卓越组织。无论你是一位普通的伙伴，还是一个企业的领袖，都必须修炼自己的领导力，因为人在社会中无时无刻不在管理和被管理着，学会管理自己、领导团队、引导企业是我们做一切的前提！企业的建立，首先要明确自己的商业模式和战略，商业模式是赚钱的方法，战略是企业未来的发展规划，也就是让自己明白我要干什么？我要做多大？明确了这个目标，就要进入运营和机制系统，运营就是开张，开始运转，机制是企业的复制系统，是企业的推动力，良好机制的建立能有效地降低企业成本，提高利润，还能激发全员正能量！企业的运营离不开人做支撑，这时候要进入人力资源和员工成长系统，解决招聘、培训、团队建设的难题，实现最低成本的招聘，最高效的培训，最快速度的落地等。团队需要打开、激活、绽放，我们的正能量销售系统帮企业打造上下同欲、思想统一、业绩倍增的特种兵战队，让团队爆发最强正能量。在 21 世纪，在网络高速发展的今天，企业需要借助互联网来实现迅速发展，我们的网络营销、微营销、C2C 营销为企业解决全网营销的问题，用最低的成本，带来最好的营销效果，让客户主动找上门！在企业盈利方面如果做得还不错的话，如果想让企业坐上快速发展的电梯，必须引入金融和资本运作，只有在企业内部资本和外部资本的双重推动下，企业的资金才能迅速得到增加。这个时代是一个不断变化的时代，生活在这个时代的我们，必须也要用发展的眼光、变化的眼光来看待这个时代，所以我们必须走进持续创新系统的课程，持续创新才是企业基业长青的王者之道！

国联商学院，正能量企业系统之领导力修炼只是一个开始，我们希望你通过本部作品能进一步了解其他几个方面的产品，更好地助力您的企业发展！

接下来，本人和我的团队将进一步把我们的核心课程思想转换为文字，出版系列书籍，以满足那些不能亲临我们课程现场的企业家们！